Ingrid Biermann

Wir spielen Geschichten

Spielgeschichten zum Mitmachen,
Raten, Gestalten

Ingrid Biermann

Wir spielen Geschichten

Spielgeschichten zum
Mitmachen, Raten, Gestalten

HERDER

FREIBURG · BASEL · WIEN

2. Auflage

Gedruckt auf umweltfreundlichem,
chlorfrei gebleichtem Papier

Umschlaggestaltung: R·M·E Roland Eschlbeck / Rosemarie Kreuzer
Umschlagfoto: Alber Josef Schmidt, Freiburg

www.herder.de

Satz und Gestaltung: Zumstein Grafik Design, Merzhausen
www.zumstein-design.de
Druck und Bindung: fgb · freiburger graphische betriebe 2004
www.fgb.de
ISBN: 3-451-28139-2

Inhalt

Spiel- und Bewegungsgeschichten

Mitmachgeschichten

Klanggeschichten

Mal- und Rategeschichten

Fingerspiele

Vorwort

Liebe Erzieherin,
auch für Sie ist ein Kindergartentag ohne eine Geschichte sicher fast unvorstellbar. Es gibt für ein Kind nichts Schöneres als allein oder in der Gruppe einer Geschichte zuzuhören. Noch schöner wird es, wenn die Kinder die Möglichkeit haben, die Geschichte zu erleben und sie mit allen Sinnen in sich aufzunehmen. Dazu bieten sich Mitmachgeschichten in besonderer Weise an. Deshalb kann eine Sammlung solcher Geschichten nicht umfangreich genug sein. Zu der großen Kategorie der Mitmachgeschichten gehören Spielgeschichten, Fingerspiele, Klanggeschichten, Rate-, Mal- und Reimgeschichten. Hierbei stellen die Kinder Abläufe mit ihrem Körper dar, machen Geräusche und bestimmte Bewegungen zu einzelnen Passagen und lernen so spielerisch den Inhalt jeder Geschichte kennen. So speichern sie das Gehörte besser und können sich jederzeit wieder an die Geschichte erinnern. Dieses Mitmachen erfordert vom Kind ein hohes Maß an Konzentration, denn es muss zuhören und zum richtigen Zeitpunkt mitmachen.
Ein weiterer positiver Aspekt solcher Geschichten ist die Förderung der Sprache. Kinder können die Bedeutung und den Klang bestimmter Worte durch Geräusche, Bewegungen, Darstellungen und Reime besser verinnerlichen. Dadurch wird ihr Wortschatz spielerisch erweitert und sie haben die Möglichkeit die Vielfalt der Sprache mit Freude kennen und nutzen zu lernen.
Auch die Bewegungsfreude wird durch diese Geschichten positiv beeinflusst. Selbst ein bewegungsunlustiges Kind wird mit Hilfe solcher Geschichten zur Bewegung animiert und dabei Spaß haben.
Nicht zuletzt fördern Mitmachgeschichten auch das soziale Verständnis und verlangen von jedem Kind Rücksichtnahme und Einfühlungsvermögen. Mitmachgeschichten sind zu jeder Zeit und zu jeder Gelegenheit einsetzbar. Sie finden Interesse beim einzelnen Kind, aber auch in der Gruppe, bei kleinen und bei Vorschulkindern.
Dieses Buch kann ein täglicher Begleiter werden und Ihnen und Ihren Kindern ganz viele freudige, aktive Mitmachanregungen geben.

Ingrid Biermann.

Die zwei Piraten Langhein und Raubein

Die zwei Piraten

Material: zwei Piratenverkleidungen (Augenklappe, Kopftuch, Säbel aus Pappe), eine Stehleiter (als Palme), ein Fernglas, ein Eimer mit Papierschnipseln, ein rollendes Brett, auf dem zwei Kinder sitzen können, ein zweites rollendes Brett, das ein Schiff darstellt, zwei Stöcke als Ruder, ein großes Tuch

Hinweis: Für dieses Spiel benötigen Sie ein wenig Platz!

Vorbereitung: Aus einem großen Stück Pappe wird der Umriss eines Schiffskörpers ausgeschnitten und an einem Rollbrett befestigt. Das zweite Rollbrett stellt das Boot dar, die Leiter eine Palme und das Tuch die Insel. Der Eimer mit Papierschnipseln steht als Wassereimer ebenso bereit wie das Fernglas.

Einstieg: Die Erzieherin zeigt den Kindern zwei Augenklappen. Sie sollen mutmaßen, wer solche Augenklappen trägt. Ein reges Gespräch über das Leben der Piraten kann sich anschließen. Danach erzählt die Erzieherin die folgende Geschichte und die Kinder machen nach Spielanweisung mit.

Auf einer einsamen Insel leben die Piraten Langhein und Raubein. Vor vielen Jahren, als ihr Schiff bei einem schweren Unwetter gekentert ist, sind sie hier gestrandet. Seit dieser Zeit leben Langhein und Raubein hier allein. Langhein und Raubein sind zwei mutige Piraten und haben in ihrem Piratenleben schon viele Aben- teuer erlebt. Langhein hat vor vielen Jahren mit einem riesengroßen Hai gekämpft und seit dieser Zeit ist sein rechter Arm aus Holz. Raubein hat mit anderen Piraten gekämpft und seit dieser Zeit ist sein linker Arm aus Holz. Doch das macht den beiden gar nichts aus. Auch heute noch lieben sie Abenteuer, aber auf der Insel ist nicht viel los. Langhein ist ein Frühaufsteher. Morgens, noch bevor die Sonne aufgeht, läuft er zum Strand. Dort klettert er auf eine Palme und hält Ausschau nach Schiffen. Raubein ist ein Langschläfer. Wenn Langhein ihn nicht weckt, dann schläft er den ganzen Tag. An diesem Morgen, als Langhein wieder einmal mit seinem Fernglas auf der Palme sitzt,

entdeckt er auf dem Meer ein riesengroßes Segelschiff. Wie ein Blitz rutscht er die Palme hinunter und rennt zu Raubein. Doch der schläft noch tief und fest. Langhein rüttelt und schüttelt ihn und ruft laut: „Feind in Sicht!“ Doch Raubein rührt sich nicht. Er schläft und schnarcht, als wolle er den ganzen Wald absägen. Nun muss Langhein allein auf das Meer. Er läuft zurück an den Strand, setzt sich in sein Ruderboot und rudert, so schnell es geht, aufs Meer hinaus. Er kommt dem großen Schiff immer näher. Langhein rudert so nah heran, dass er mühelos auf das riesengroße Schiff klettern kann. Vorsichtig schleicht er über das Deck. Doch niemand ist zu hören und zu sehen. Nirgends ist ein Matrose oder ein Pirat. Langhein schaut in alle Ecken und Winkel, doch das Schiff ist menschenleer. Langhein ist plötzlich sehr erfreut. Er hat ein leeres Schiff gefunden. Davon muss er Raubein berichten. Schnell klettert er zurück in sein Boot und rudert zur Insel zurück. Doch Raubein schläft und schnarcht immer noch. Langhein holt einen Eimer Wasser und schüttet ihn Raubein über den Kopf. Der erschrickt, wird wach und noch bevor er schimpfen kann, erzählt Langhein ihm von dem menschenleeren Schiff auf dem Meer. Nun ist Raubein wach. Er läuft mit zum Strand, setzt sich mit in das Boot und beide rudern zum großen Schiff. Langhein und Raubein klettern auf das Schiff, schleichen über das Deck und schauen überall herum. Niemand ist zu sehen. Langhein und Raubein freuen sich. Sie haben ein neues, eigenes Schiff. Langhein übernimmt das Steuer und langsam fahren sie mit dem Schiff über das Meer. Von diesem Tag an sind sie wieder richtige Piraten. Darüber freuen sie sich sehr. Es wird dunkel und langsam steuern sie ihr Schiff zum Strand. In dieser Nacht schlafen Langhein und Raubein auf ihren Schiff und träumen von abenteuerlichen Reisen auf dem Meer.

Abschluss:

Die Utensilien werden bereitgestellt und diese Geschichte kann nun gespielt werden.

Der Zapfenzwerg

Material:

Je ein Stück weißer, grüner, brauner und blauer Stoff, Stoffmalfarbe, zwei Stühle, eine Lampe, aus Naturmaterialien hier gebastelte Figuren (Zapfenzwerg, Kastanienhirsch, Kastanienigel, Steinkäfer), ein kleiner Korb (darin sind die Figuren aufbewahrt), für jedes Kind ein Sitzkissen oder eine Matte .

Vorbereitung:

Auf den weißen Stoff wird mit Stoffmalfarbe eine Waldlandschaft gemalt. Zwei Stühle werden zusammengestellt. Das Tuch wird über eine Stuhllehne gehängt. Auf dem Stuhl liegt ein grünes Tuch. Es symbolisiert die Wiese. Das braune Tuch wird zu einem Berg zusammengekugelt und auf den anderen Stuhl gelegt. Ein breites blaues Tuch wird als Fluß über die Stühle gelegt. Im Nu ist eine kleine Stuhlbühne entstanden. Die Erzieherin hockt sich neben die Bühne und spielt das kleine Theaterstück. Die Figuren werden hinter der Stuhlbühne aufbewahrt. Ein kleiner Zapfenzwerg liegt versteckt unter dem Tuchberg.

Einstieg:

Die Kinder setzen sich im Halbkreis vor die Stuhlbühne auf ihre Sitzkissen. Die Erzieherin lädt sie ins Stuhltheater ein. Um eine gemütliche Theateratmosphäre zu schaffen, wird der Raum verdunkelt, und die Bühne mit einer Lampe angestrahlt. Dann wird die Versgeschichte erzählt und gleichzeitig mit den Figuren gespielt. Dabei wird immer die entsprechende Figur hervor geholt und auf die Stuhlbühne gestellt.

	Vorm Tannenwald, da ist ein Berg,
	darin wohnt ein Zapfenzwerg.
	Wenn die Sonne dann erwacht,
	der Zwerg einen Spaziergang macht.
dem Tuchberg einen	Er kommt hervor aus seinem Berg,
fenzwerg holen	er ist ein sehr, sehr kleiner Zwerg.
	Er schaut sich um, kann nichts entdecken,
	läuft los und will die andern wecken.
n Kastanienhirsch	Er trifft den Hirsch, der kommt daher,
vorholen	der Zapfenzwerg, der freut sich sehr.
	Er wohnt im Wald, dort, wo die Hasen
	im grünen Gras ganz furchtlos grasen.
n Kastanienigel	Ein Igel ist auch aufgewacht
vorholen	hat schlecht geschlafen heute Nacht.
	Er schaut sich um, auch er bleibt stehn,
	denn hier, da ist es wirklich schön.
Nußschalenschiff	Ein Segelschiff kommt leis' daher,
vorholen	und segelt weiter in das Meer.
	Der Hirsch, der Igel und der Zwerg,
	sie setzen sich dann vor den Berg.
	Sie sitzen da und schaun in Ruh'
n Steinkäfer hervorholen	dem Käfer dann beim Krabbeln zu.
	Der Tag vergeht und unsere vier,
Kastanienhirsch	die bleiben heute Nacht nicht hier.
ernen	Der Hirsch verschwindet in dem Wald
Steinkäfer entfernen	und auch der Käfer folgt ihm bald.
Igel entfernen	Der Igel läuft hinter den Berg,
Zwerg wegnehmen	dorthin verschwindet auch der Zwerg.
ampe ausschalten	Dunkel wird es und ganz still,
	weil jeder jetzt gern schlafen will.
ampe wieder einschalten	Doch bricht der Tag von neuem an,
	fängt das Spiel von vorne an.
veis:	Das kleine Stück kann mehrmals gespielt werden. Jetzt werden die Kinder als Spieler eingesetzt.

Ein Apfelbaum ganz groß und dick

Hinweis:	Ein Kind spielt den Apfelbaum. Es macht die Bewegungen dem Text der Geschichte entsprechend nach. Ein anderes Kind spielt pantomimisch den Apfelpflücker. Alle anderen Kinder stellen die Sonne dar. Die Geschichte kann auch sofort mit mehreren Kindern als Apfelbäumen und Apfelpflückern gespielt werden.
Die Kinder stehen im Kreis, halten die Händen hoch und spreizen die Finger.	Die Sonne steht am Himmelszelt und sie erwärmt die weite Welt.
Die Arme nach oben strecken.	Ein Apfelbaum, sehr groß und dick, denkt an die Kindheit oft zurück.
In die Hocke gehen.	Er war ein Kern und lag ganz lang in der Erde, oft war ihm bang.
Mit den Händen darstellen.	Er wuchs und mit ein wenig Kraft, da hatte er es bald geschafft.
Ganz langsam aufstehen.	Schob über sich die Erde fort und wuchs und wuchs an diesem Ort.

Sich ganz groß machen.	Er wurde groß und wunderschön, ein jeder kann ihn heute sehn.
Arme ausbreiten.	Jetzt macht er seine Äste breit
Mit Daumen und Zeigefinger der beiden Hände zuerst einen kleinen Kreis formen und ihn dann größer werden lassen.	und trägt ein prächtig Blütenkleid. Und eines Tages, wie im Traum, sind viele Äpfel an dem Baum. Zuerst sind sie ganz winzig klein, sie wachsen schnell im Sonnenschein.
Ein Kind pflückt pantomimisch Äpfel.	Im Herbst, ja, da ist Erntezeit, die Menschen kommen angeeilt. Sie nehmen dann die Äpfel fort, und bringen sie zum andern Ort.
	Der Baum steht ohne Äpfel da, kriegt neue erst im nächsten Jahr.

Brummel sucht ein neues Zuhause

Material:

mehrere weiße Betttücher, mehrere braun gefärbte Betttücher oder große Stoffreste, mehrere größere braune, schwarze oder grüne Stoffreste, Stoffmalfarbe, zwei Standleitern, ein langes Brett, mehrere große Kartons oder Turnkästen, eine lange Schnur, viele Wäscheklammern, eine Matratze, eine Decke, ein Kopfkissen, eine Nachttischlampe, ein Stuhl, einige Naturmaterialien wie Steine, Äste, Zweige, Zapfen etc., Umweltmüll, z. B. Flaschen, Dosen, Bücher, Schuhe, Taschen usw., ein Topf mit flüssigem Honig, ein langer Löffel

Rollen:

Erzähler, Bär, Maus, Igel, Fuchs, Sonne, ein zweiter, fremder Bär

Kostümvorschlag:

Bären: brauner Pullover, braune Strumpfhose, Bärenohren aus Pappe, eventuell eine Gesichtsmaske aus Pappe

Maus: graue, schwarze oder weiße Strumpfhose und entsprechender Pullover, Mäuseohren aus Pappe, eventuell eine Gesichtsmaske aus Pappe

Igel: brauner Pulli, braune Strumpfhose, Igelohren oder Igelstacheln aus Pappe, eventuell eine Gesichtsmaske aus Pappe

Fuchs: rotbrauner Pullover, rote Strumpfhose, Fuchsohren aus Pappe, ein Schwanz aus einem Fellrest, eventuell eine Gesichtsmaske aus Pappe

Sonne: gelber Pulli, gelbe Strumpfhose, gelber Umhang aus Krepppapier, gelber Strahlenkranz als Kopfschmuck, zwei gelbe Chiffontücher

Bühnenbild:

Auf die großen, weißen Betttücher wird mit Stoffmalfarben ein Wald mit vielen Tannenbäumen gemalt. Dieses Tuch wird mit Wäscheklammern an einer Schnur aufgehängt und stellt den Hintergrund dar. Mit Hilfe von zwei Standleitern, einem langen Brett und zwei großen, braunen Betttüchern wird in einer Ecke der Bühne eine Bärenhöhle gebaut. In der Höhle liegen eine Matratze mit Kopfkissen und Decke und zur Dekoration liegen dort Steine, Äste, Zapfen (oder andere Dinge aus der Natur), aber auch Müll, der in der Natur zu finden ist: Flaschen, Dosen, Schuhe, Taschen, ein Glas Honig, Bücher usw. An anderen Stellen der Bühne werden aus den Kästen oder Kartons und den braunen, schwarzen oder grünen Tüchern eine Mäusehöhle, eine Fuchshöhle und eine Igelhöhle gestaltet.

Erzähler:

Brummel, ein kleiner, brauner Bär, lebt schon seit vielen Jahren allein in seiner Bärenhöhle. In dieser Höhle fühlt er sich sehr wohl, denn er hat es sich dort gemütlich gemacht. Hier bewahrt er auch seine vielen Schätze auf, die er tagsüber auf seinen langen Spaziergängen findet. Manche Schätze hat er im Wald gefunden, aber manche auch in Straßengräben, auf Feldern oder auf Wiesen. So ist seine Höhle im Lauf der Zeit zu einer richtigen Schatzhöhle geworden.

Darstellung:

Der Bär Brummel kommt auf die Bühne. Er hält eine Flasche in der Hand und stellt sie zu seinen anderen Schätzen in die Bärenhöhle.

Erzähler:

Abends, wenn er von seinen Spaziergängen zurückkehrt, geht Brummel durch seine Höhle und betrachtet voller Stolz seine Schätze.

Darstellung:

Brummel nimmt einige Gegenstände in die Hand und betrachtet sie mit Wohlgefallen.

Erzähler: Da Brummel sehr gerne liest, nimmt er jeden Abend eines der vielen Bücher, die er auch irgendwann und irgendwo gefunden hat, setzt sich auf den Stuhl, macht seine Leselampe an und liest so lange, bis ihm die Augen zufallen. Dann legt er sich in sein kuscheliges Bett, schaltet das Licht aus und schläft tief und fest bis zum nächsten Morgen.

Darstellung: Wie im Text beschrieben. Wenn Brummel die Nachttischlampe ausmacht, wird es im Raum deutlich dunkler.

Erzähler: So geht es tagaus, tagein, und Brummel ist mit seinem Leben sehr zufrieden. Doch eines Nachts geschieht etwas Merkwürdiges. Brummel schläft so tief und fest, dass er die Dinge, die in seiner Höhle geschehen, gar nicht bemerkt.

Darstellung: In Dunkeln schleicht ein zweiter Bär in die Höhle, stiehlt mehrere Schätze und verschwindet wieder.

Erzähler: Am nächsten Morgen scheint wie immer die Sonne in seine Höhle und weckt Brummel mit ihren sanften, warmen Sonnenstrahlen.

Darstellung: Das Sonnenkind tritt auf, hält die leuchtend gelben Chiffontücher in Händen und breitet die Arme aus. Der Raum wird wieder hell.

Erzähler: Brummel öffnet seine Augen, reckt und streckt sich, gähnt laut, putzt sein Fell und steht dann auf, um in aller Ruhe zu frühstücken.

Darstellung: Brummel reckt und streckt sich, steht auf und schleckt einen Löffel Honig aus dem Honigtopf.

Erzähler:	Danach macht er wieder einen langen Spaziergang. Erst am Abend kommt er wieder mit einem neuen Schatz in seine Höhle zurück. Brummel stellt ihn zu seinen Schätzen und betrachtet wie immer seine Sammlung. Mit Schrecken stellt er fest, dass einige Dinge fehlen. Brummel sucht überall in der Höhle herum, doch er kann die fehlenden Dinge nicht finden. Doch dann nimmt er sich wie immer wieder ein Buch, liest darin, bis er müde wird, legt sich wie immer in sein Bett, löscht das Licht und schläft tief und fest ein.
Darstellung:	Die Szene wird pantomimisch dargestellt. Der Raum verdunkelt sich, wenn Brummel die Nachttischlampe ausmacht.
Erzähler:	Auch in dieser Nacht schleicht wieder ein fremder Bär in die Höhle, stiehlt einige Schätze und verschwindet.
Darstellung:	Die Szene wird gespielt.
Erzähler:	Am nächsten Morgen wird Brummel wie immer von der Sonne geweckt.
Darstellung:	Das Sonnenkind tritt auf, der Raum wird wieder hell.
Erzähler:	Doch jetzt springt Brummel schnell aus dem Bett, läuft zu seinen Schätzen und stellt fest, dass wieder einige fehlen.
Darstellung:	Die Szene wird gespielt.
Erzähler:	Brummel kann sich das nicht erklären. Er bekommt Angst und will nicht mehr ganz allein in seiner Höhle leben. Darum macht er sich sofort auf den Weg, um irgendwo anders ein neues Zuhause zu finden. Nach einer kurzen Zeit trifft Brummel den Fuchs, dem er alles erzählt

Darstellung: Brummel geht los und stößt auf die Fuchshöhle. Bär und Fuchs sitzen auf einem Baumstumpf oder Stein und Brummel brummelt etwas vor sich hin. Der Fuchs nickt verständnisvoll.

Erzähler: Schließlich fragt Brummel den Fuchs:
„Darf ich bei dir wohnen?“
Der Fuchs lädt Brummel zu sich ein und geht voraus in die Höhle. Doch für Brummel ist der Eingang zu klein. So sehr er sich auch bemüht, er kommt nicht in die Höhle hinein.

Darstellung: Die Szene wird gespielt. Der Fuchs bleibt in der Höhle.

Erzähler: Allein macht sich Brummel wieder auf den Weg. Schon wenig später trifft er den Igel vor seinem Zuhause. Auch ihm erzählt Brummel, was in seiner Höhle geschehen ist.

Darstellung: Brummel und der Igel sitzen vor der Igelhöhle und unterhalten sich.

Erzähler: Dann fragt Brummel den Igel:
„Darf ich bei dir wohnen?“
Der Igel lädt Brummel zu sich ein und geht voraus in seine Igelhöhle. Doch für Brummel ist der Eingang viel zu klein. So sehr er sich auch bemüht, er kommt nicht in die Höhle hinein.

Darstellung: Die Szene wird gespielt. Der Igel bleibt in der Höhle.

Erzähler: Erneut macht sich Brummel auf den Weg. Ob er wohl ein neues Zuhause findet? Kurz darauf trifft er eine Maus vor ihrer Höhle. Auch ihr erzählt Brummel, was geschehen ist.Brummel und die Maus sitzen vor der Mäusehöhle und unterhalten sich.
Schließlich fragt Brummel auch die Maus: „Darf ich bei dir wohnen?“ Die Maus lädt Brummel zu sich ein und geht voraus in ihre Höhle. Doch für Brummel ist der Eingang viel zu klein. So sehr er sich auch bemüht, er kommt nicht in die Höhle der Maus hinein.

Darstellung: Die Szene wird gespielt. Die Maus bleibt in ihrer Höhle.

Erzähler: Brummel ist sehr traurig. Alle Höhlen sind für ihn viel zu klein, die Eingänge viel zu eng. Also macht er sich auf den Weg zu seiner alten Höhle. Unterwegs trifft er einen Bären, den er vorher noch niemals hier im Wald gesehen hatte. Brummel berichtet auch ihm von den Erlebnissen in seiner Höhle.

Darstellung: Brummel trottet mit gesenktem Kopf auf seine Höhle zu. Er trifft den anderen Bären, und beide unterhalten sich brummelnd.

Erzähler: Nachdem Brummel alles erzählt hat, fragt der fremde Bar: „Darf ich bei dir wohnen?"
Brummel lacht freudig und sagt: „Gerne."
Also machen sich beide auf den Heimweg, und die Bärenhöhle ist für zwei Bären nicht zu klein und nicht zu eng. Gemeinsam naschen sie von dem Honig, und da es schon spät ist, legen sich die Bären schlafen. Brummel liest an diesem Abend nicht mehr.

Darstellung: Er löscht das Licht und beide schlafen ein.

Erzähler: Die beiden Bären spielen die Szene. Der Raum wird dunkel.

Schluss: Seit dieser Nacht ist der Spuk in Brummels Höhle vorbei und nie mehr wurde ein Schatz gestohlen.

Leise verschwinden die beiden Bären hinter der Höhle.
Der Raum wird erhellt.
Die Erzieherin kann eventuell jetzt noch mit den Kindern die Frage diskutieren, ob vielleicht der neue Bär der Fremdling in der Nacht gewesen sein könnte?

Der Frost, er zieht durchs ganze Land

Hinweis:

Jedes Kind bekommt ein Stück Alufolie in die Hand und kann zunächst leise die Geschichte damit begleiten. Die Alufolie wird für das anschließende Darstellungsspiel benötigt.

Der Frost, er zieht durchs ganze Land,
was er berührt mit seiner Hand,
das erfriert, wird schnell zu Eis,
verliert die Farbe und wird weiß,
erstarrt, rührt sich nicht mehr vom Fleck,
der Frost pustet die Wärme weg.

Der Frost, er bringt viel Not den Tieren,
die bei der Futtersuche frieren.
Andere schlafen fest im Haus
und gehen gar nicht mehr hinaus.
Sie träumen von dem Sonnenschein,
auf den sie sich schon wieder freun.

Der Frost, er klopft an alle Türen,
er lässt auch die Menschen frieren.
Sie gehen jetzt nicht aus dem Haus,
sie ruhn sich vor dem Ofen aus.
Sie träumen von dem Sonnenschein,
lassen den Frost gar nicht herein.

Die Tage kommen und sie gehen,
den kalten Frost, den kann man sehen.
Auf Bäumen, Brücken ist es weiß,
die Pfützen tragen dickes Eis.
Doch eines Tages, du wirst sehen,
muss auch der Frost dann wieder gehen.

Freu dich jetzt über Schnee und Eis,
freu dich, wenn unsere Welt ist weiß,
dann kannst du kuscheln und auch träumen
von Wärme und ganz grünen Bäumen.
Kommt dann die Sonne, Stund um Stund,
wird unsere Welt auch wieder bunt.

Der Frost geht um

Bei diesem Darstellungsspiel spielt ein Kind den Frost. Es wird mit Alufolie verkleidet. Einige Kinder stellen Blumen, Bäume, Häuser, die Tiere, die Menschen dar. Ein großer Karton dient als Ofen. Auf dem Fußboden liegen Pfützen aus Alufolie. Der Frost geht entsprechend dem Text umher und legt auf alles ein Stück Alufolie. Ein Kind spielt die Sonne. Es wird mit gelbem Krepppapier geschmückt und bekommt bunte Stoffstücke. Diese werden in der letzen Strophe gegen die Alufolie ausgetauscht.

Hinweis:

Alufolie ist mehrmals verwendbar und recyclebar.

Die kleine Hexe Hinkebein

Hinweis: Die Erzieherin liest den Text einmal vor, dann wird die Hexe Hinkebein bestimmt, die beim zweiten Vorlesen den ersten Teil pantomimisch mitspielt. Im zweiten Textteil spielen dann alle anderen Kinder auch mit und fliegen auf ihren Besen durch den Raum.

Material: für jedes Kind ein Stock oder Stab

Einstieg: Die Kinder sitzen im Kreis und die Erzieherin stellt ihnen das folgende Rätsel.

Wer ist das?
Es kichert, kreischt und lacht ein Wesen
und fliegt auf einem langen Besen
durch die pechschwarze Nacht,
weil ihr das sehr viel Freude macht.
Ein Rabe, der fliegt immer mit,
begleitet es auf Schritt und Tritt.
Es wohnt in einem kleinen Haus
und schaut dort aus dem Fenster raus.
Es zaubert auch so manche Sachen,
es kann auch böse Streiche machen.
Sage mir, wenn du es weißt,
wie dieses Wesen heißt.

Danach stellt die Erzieherin mit der Geschichte die kleine Hexe Hinkebein vor.

Durchführung:

1. Teil

Die kleine Hexe Hinkebein,
die wohnt im Wald so ganz allein.
Morgens, wenn der Tag erwacht
und warm die helle Sonne lacht.
dann springt die Hexe aus dem Bett,
schaut in den Spiegel, lacht ganz nett.
Sie zieht sich an, geht in den Keller,
bei jedem Schritt, da wird sie schneller.
Sie rennt ganz frisch und auch ganz munter
die 99 Stufen runter,
holt ihren Besen und geschwind
fliegt sie durch den Morgenwind.
Sie fliegt dann über Berg und Tal
aus Spaß macht sie es noch einmal.
Sie fliegt auch über Stock und Stein,
die Hexe, die fliegt nicht allein.
Viele unbekannte Wesen,
fliegen auch auf ihrem Besen.

2. Teil

Nun fliegt die Hexe Hinkebein,
ihren Weg nicht mehr allein.
Sie fliegen hin, sie fliegen her,
sie fliegen kreuz und auch mal quer.
Heut sieht man an dem Sonnenhimmel
ein ganz kunterbunt' Gewimmel.
Am Abend fliegen sie nach Haus,
und ruhn sich von der Reise aus.
(alle Kinder setzen sich wieder auf ihren Stuhl)
Hinkebein liegt müd im Bett,
sagt leis: „Das Fliegen war heut nett."

Jedes Kind bekommt einen Stock oder Stab und die Geschichte wird beim zweiten Vorlesen von allen Kindern mitgespielt.

Das winzig kleine Blatt

Vorbereitung: Die Erzieherin malt vorher zu jeder Strophe ein passendes Bild, um den Kindern die Geschichte als Bildgeschichte vortragen zu können.

Einstieg: Zunächst stellt die Erzieherin den Kindern ein Rätsel.

Was ist das?

Es ruht in einem Knospenhaus,
traut sich bei Kälte gar nicht raus.
Doch kommt die Sonne macht es: Knack,
und aus der Knospe kommt ein … (Blatt)

Wenn die Kinder das Lösungswort erraten haben, wird in einem kurzen Gespräch alles erzählt, was sie über Blätter wissen.
Danach zeigt die Erzieherin den Kindern nacheinander die einzelnen Bilder und trägt die passende Strophe vor. Am Ende legt sie die Blätter zu einer Bildergeschichte nebeneinander.

Ein winzig kleines Blatt
liegt müde und ganz matt
in seinem kleinen Knospenhaus
und ruht sich dort ganz lange aus.

Doch kommt die Sonne mit viel Kraft,
dann hat es dieses Blatt geschafft.
Mit einem Ruck, so platzt sein Haus,
nun kriecht das Blatt ganz langsam raus.

Es macht sich weit, es macht sich breit
und zeigt sein wunderschönes Kleid.
Es dreht am Baum sich hin und her,
das kleine Blatt, es mag sich sehr.

Das kleine Blatt, es glaubt es kaum,
sieht viele Blätter an dem Baum.
Gemeinsam machen sie sich weit,
der Baum, er trägt ein Blätterkleid.

Zusammen, ja, da tanzen sie,
stillstehen können Blätter nie.
Am Abend machen sie sich klein,
zusammen schlafen sie dann ein.

Abschluss:

Gemeinsam wird diese Geschichte als Darstellungsspiel aufgeführt. Ein Kind stellt die Sonne dar, die anderen Kinder kauern sich zusammen, richten sich dann langsam auf und strecken sich.

Der Wind, er bläst, so fest er kann

Der Wind, er bläst, so fest er kann

	Pantomime
Pusten.	Der Wind, er bläst, so fest er kann,
Hände und Arme hängen lassen und schüteln oder hin- und herbewegen.	die Wäsche fängt zu flattern an.
Arme auf und ab bewegen.	Sie flattert lustig auf und ab,
	ach, lieber Wind, mach bloß nicht schlapp.
Pusten.	Der Wind, er bläst, so fest er kann,
Rechten und linken Arm kreisförmig über den Kopf drehen.	das Mühlrad fängt zu drehen an.
Arme seitlich ausstrecken und kreisförmige Bewegungen machen.	Die Flügel drehen sich geschwind,
	sie mögen diesen starken Wind.
Pusten.	Der Wind, er bläst, so fest er kann,
Arme seitlich ausbreiten, auf und ab bewegen und eventuell durch den Raum gehen.	der Vogel fängt zu fliegen an.
Arme ausbreiten und stillhalten.	Er hält die Flügel ganz, ganz still,
Mit den ruhig ausgebreiteten Armen durch den Raum gehen und zum Platz zurückkehren.	weil er im Wind nun schweben will.

Pick erlebt ein Frühlingsabenteuer

Material:

Bilder oder Figuren vom Huhn, Hahn, Küken, Hund, Hupe, Auto, Schwein, Kuh, Katze, ein Bild mit einer Hühnerfamilie (Hahn, Huhn und Küken), viele kleine Faltblätter, eventuell ein Plüschküken und ein Fühlbeutel

Einstieg:

Die Kinder sitzen im Kreis, das Bild mit Familie Huhn liegt, mit Faltblättern abgedeckt, in der Kreismitte. Nacheinander werden die Blätter entfernt und die Kinder versuchen, das verdeckte Bildmotiv so früh wie möglich zu erraten. An-schließend werden die Geburt, das Wachsen und das Leben der Tiere im Frühling thematisiert. Ist ein Plüschküken vorhanden, wird es vor der Aktion in den Fühlbeutel gelegt. Die Erzieherin reicht den Beutel herum und die Kinder können den Inhalt erfühlen. Schließlich stellt sie das Küken als Pick vor und erzählt, dass dieses Küken mit vielen anderen Tieren (sie zeigt die Bilder) auf einem Bauernhof lebe. Nach Herzenslust können die Kinder die Geräusche der Bauernhoftiere, des Autos und der Autohupe imitieren. Anschließend wird die folgende Geschichte erzählt. Dabei zeigt die Erzieherin das im Text groß Geschriebene in Form von Bildern oder Bauteppichfiguren. Die Kinder erzeugen jeweils die Geräusche, die dazu passen. Zusätzlich kann sich ein Kind mit dem Rücken zum Kreis setzen, so dass es die Bilder nicht sieht, die die Erzieherin den anderen Kindern zeigt. Es soll anhand der Geräusche die Tiere identifizieren und laut benennen.

Auf dem Hof von Bauer Luig sind vor einigen Tagen sechs kleine KÜKEN zur Welt gekommen. Das HUHN und auch der HAHN sind stolz auf ihre sechs KÜKEN. An einem warmen Frühlingstag machen das HUHN, der HAHN und die sechs KÜKEN ihren ersten Ausflug. Alle sind sehr aufgeregt. Vor allen das kleinste Küken. Es heißt Pick. Pick kann es gar nicht erwarten, seine Umgebung zu entdecken. Doch hinter dem HUHN und dem HAHN und den anderen KÜKEN herzulaufen, das macht Pick keinen Spaß. Deshalb macht es sich bei der nächstbesten Gelegenheit aus dem Staub. Gerade als das HUHN, der HAHN und die KÜKEN am Stall der SCHWEINE vorbeikommen, wo es schrecklich laut ist, rennt Pick, so schnell es geht, auf die Wiese. Das Gras ist dort so hoch, dass es von niemandem gesehen werden kann. Das HUHN, der HAHN und die anderen KÜKEN haben nichts bemerkt. Sie laufen weiter. Pick selbst kann mitten im hohen Gras auch nicht weit sehen, aber es läuft mutig weiter. Plötzlich hört es ein lautes Rascheln. Vor ihm steht eine dicke KUH. Pick hat noch nie eine so dicke KUH gesehen und deshalb glaubt es, ein Ungeheuer würde vor ihm stehen.

So schnell es geht, rennt Pick weiter. Am Ende der Wiese angekommen, ist es völlig aus der Puste und ruht sich erst einmal aus. Doch, o weh, plötzlich kommt ein AUTO angebraust und HUPT so laut, dass Pick gerade noch zur Seite springen kann. Zum Glück ist nichts passiert. Nein, so aufregend hatte Pick sich den Ausflug nicht vorgestellt. Die Abenteuer reichen ihm und Pick will nach Hause. Doch leider weiß es den Weg nicht mehr. Es schaut sich um. Alles ist so fremd. Was jetzt? Doch da kommt schon Hilfe. Pick entdeckt einen HUND. Es ist Strolch. Er lebt auch auf dem Hof und hat alles beobachtet. Die ganze Zeit ist er schon hinter Pick hergelaufen und jetzt trägt STROLCH Pick in seinem Maul nach Hause. Auf dem Hof ist schon alles in heller Aufregung: Der HAHN, das HUHN, die KÜKEN und sogar die HOF-KATZE suchen Pick. Wie froh sind sie, als der HUND Strolch mit Pick den Hof erreicht. Der HAHN schimpft so laut, dass man sein Geschrei über den ganzen Hof hören kann. Doch das HUHN treibt Pick schnell ins Nest, denn es ist froh, dass alles wieder in Ordnung ist. Nie wieder will Pick allein einen Frühlingsspaziergang machen, denn das ist für kleine KÜKEN viel zu gefährlich.

Frisch aus dem Gemüsegarten

Material: einige Möhren, Kohlrabi, Zwiebeln, Porreestangen, Sellerie, Kartoffeln

Einstieg: Die Kinder schließen die Augen und bilden mit der Hand eine Schale. Dort hinein legt die Erzieherin jedem Kind ein bekanntes Gemüse. Die Kinder versuchen nun, durch Fühlen oder Riechen das Gemüse zu erraten. Weniger bekanntes Gemüse wird von der Erzieherin benannt. Das Gemüse wird nun in die Kreismitte gelegt.

Marie hat einen wunderschönen Beruf. Sie ist Köchin. Den ganzen Tag steht sie in der Küche und bereitet die herrlichsten Speisen zu.
Sie besitzt ein kleines Lokal, und aus nah und fern kommen die Gäste, um bei ihr zu essen. Marie kocht nur mit Obst und Gemüse aus ihrem Garten, und deshalb schmecken ihre Speisen besonders gut. Sie hat ihren großen Garten in viele kleine Gärtchen aufgeteilt, und so hat sie einen Kräutergarten, einen Obstgarten, einen Gemüsegarten, einen Kartoffelgarten und einen Blumengarten. Mit den Blumen aus ihrem Garten schmückt sie die Esstische.

Aktionsteil: Die Kinder holen das genannte Gemüse aus der Kreismitte.

Heute will Marie eine Gemüsesuppe kochen. Sie nimmt einen großen Korb, holt ein Messer und einen Spaten und geht hinaus in den kleinen Gemüsegarten. Zuerst gräbt sie die frischen Möhren aus der Erde, schneidet das Grün ab und legt sie in den Korb. Dann geht Marie zu den Zwiebeln. Diese liegen auf der Erde und sie braucht sie nur aufzuheben.

Nun fehlen ihr noch einige Kohlrabi. Die sind in diesem Jahr besonders groß. Marie schneidet ein paar von ihnen ab und legt sie in ihren Korb. Damit die Suppe einen guten Geschmack bekommt, muss Sellerie hinein. Das weiß Marie, und deshalb nimmt sie davon gleich zwei Knollen. So, nun fehlen nur noch einige Stangen Porree und natürlich Kartoffeln. Der Porree steht schön hoch, und mit wenig Kraft lassen sich die Porreestangen mit ihren kleinen Wurzeln aus dem Boden ziehen. Zum Schluss gräbt Marie mit dem Spaten noch ein paar Kartoffeln aus. Jetzt hat sie alle Zutaten für ihre Gemüsesuppe beisammen. Schnell geht sie in die Küche.

Pantomimischer Teil. Die Kinder spielen die Tätigkeiten von Marie.

Marie wäscht, schält und schneidet das Gemüse klein und gibt dann alles in einen großen Topf. Sie gießt Wasser hinzu, würzt mit Brühe, Salz und Pfeffer, rührt um und singt dabei ihr Suppenlied:

Kochlied

(Melodie: Wer will fleißige Handwerker sehn)
Wer will der Marie zusehn,
der muss in die Küche gehn,
rühre fein, rühre fein,
die Suppe wird gleich fertig sein.

Die Kinder bilden mit der Hand eine Schale und die Erzieherin füllt sie pantomimisch mit Suppe.

Hmmm, in der Küche duftet es köstlich nach Gemüsesuppe. So, nun ist Maries Suppe fertig und sie kann ihre Gäste bewirten. Marie geht in die Gaststube und füllt jedem Gast persönlich die Suppe in den Suppenteller.

Alle löffeln pantomimisch Suppe.

Sie setzt sich zu ihren Gästen und gemeinsam löffeln sie Maries Gemüsesuppe.

Abschluss:

Aus den Zutaten können die Kinder gemeinsam mit der Erzieherin in der Freispielzeit oder am folgenden Tag eine Gemüsesuppe kochen.

Familie Kunterbunt

Familie Kunterbunt

Spielhinweis:
Wird in der Geschichte eine Farbe genannt, stehen die Kinder, deren Kleidung diese Farbe enthält, schnell auf. Sie setzen sich sofort wieder, damit sie bei neu genannten Farben wieder aufstehen können. Bei „kunterbunt" stehen alle auf.

Es ist Sonntag und Familie Kunterbunt liegt noch im Bett. Sie haben heute Zeit und können lange schlafen. Frau Rot liegt ruhig neben ihrem Mann, Herrn Blau, und beide schlafen noch tief und fest. Nebenan im Kinderzimmer liegen das kleine Braun, das kleine Grün, das kleine Gelb und das kleine Orange in ihren Betten und schlafen. Nur das kleine Lila, das ist schon wach. Leise steht es auf, schaut in die Betten der Geschwister und sieht, wie die anderen noch fest schlafen. Das kleine Lila schleicht aus dem Zimmer, um nach seinen Eltern zu schauen. Doch leider liegt Papa Blau noch

schnarchend neben Mama Rot. Im Haus der Familie Kunterbunt ist außer dem kleinen Lila immer noch niemand wach. Darum spielt das kleine Lila allein mit seinen Puppen. Doch nach einiger Zeit langweilt es sich sehr. Nun sollen aber alle aufstehen. Es will Familie Kunterbunt nun wecken. Zuerst stürzt es in das Bett von Papa Blau und Mama Rot und kitzelt beide an der Nase. Es dauert nicht lange, da öffnen beide die Augen. Mama Rot, Papa Blau und das kleine Lila kuscheln sich noch ein wenig unter die Bettdecke. Doch das kleine Lila hat keine Ruhe. Es muss nun zu seinen Geschwistern. Brüllend wie ein Löwe stürzt das kleine Lila in das Kinderzimmer. Doch nichts rührt sich. Die Geschwister schlafen noch fest. Wütend stürzt sich das kleine Lila auf die Betten und zieht dem kleinen Braun, dem kleinen Grün, dem kleinen Gelb und dem kleinen Orange die Bettdecke weg. Jetzt hat das kleine Lila es geschafft, die ganze Familie Kunterbunt ist wach. Gemeinsam machen sie ihre Morgengymnastik und dann geht's an den Frühstückstisch.

z.B. einen Hampelmann machen.

Spiele

Ich sehe was, was du nicht siehst, und das ist ...

Die Kinder suchen sich einen Gegenstand aus und beschreiben ihn, ohne ihn zu benennen. Die anderen Kinder versuchen anhand der Beschreibung, den Gegenstand zu erraten.

Welche Farbe hat ... ?

Die Erzieherin denkt sich einen Gegenstand aus und fragt
z. B.: „Welche Farbe hat das Feuer?“, oder „Welche Farbe hat das Wasser?“, usw. Die Kinder rufen laut die Farbe dieses Gegenstandes.

Herr Langsam und Frau Schnell

Dieses Geschichte eignet sich gut für den Morgenkreis. Alle angegebenen Bewegungen und Tätigkeiten werden von den Kindern langsam bzw. schnell nachgespielt. Auch die Geschichte wird langsam und schnell vorgelesen.

Langsam lesen!

In einem großen Haus wohnt Herr Langsam. Er ist, genau wie sein Name sagt, sehr, sehr langsam. Morgens, wenn er aufsteht, braucht er sehr viel Zeit, denn er wäscht sich langsam, zieht sich langsam aus und wieder an, geht langsam zum Frühstückstisch, isst langsam sein Brot, zieht langsam seinen Mantel an und geht dann ganz, ganz langsam die Treppe hinunter, ganz langsam die Straße entlang, und es dauert sehr lange, bis er seine Arbeitsstelle erreicht hat. Dort schreibt er den ganzen Tag sehr langsam Briefe. Abends geht er wieder langsam nach Hause, geht langsam die Treppe hinauf, zieht langsam seinen Mantel aus, isst langsam sein Abendbrot, zieht sich langsam aus, legt sich langsam ins Bett und schläft langsam ein.

Schnell lesen!

Gegenüber wohnt Frau Schnell. Sie ist genau, wie es ihr Name sagt, sehr, sehr, schnell. Morgens, wenn sie aufsteht, braucht sie wenig Zeit, denn sie wäscht sich schnell, zieht sich schnell aus und wieder an, geht schnell zum Frühstückstisch, isst schnell ihr Brot, zieht schnell ihren Mantel an und geht dann ganz, ganz schnell die Treppe hinunter, schnell die Straße entlang, und es dauert nicht lange, bis sie ihre Arbeitsstelle erreicht hat. Dort schreibt sie den ganzen Tag schnell viele Briefe. Abends geht sie wieder schnell nach Hause, geht schnell die Treppe hinauf, zieht schnell ihren Mantel aus, isst schnell ihr Abendbrot, zieht sich schnell aus, legt sich schnell ins Bett und schläft ganz schnell ein. Herr Langsam und Frau Schnell begegnen sich leider nie, denn dafür ist Herr Langsam zu langsam und Frau Schnell zu schnell.

Tausendfüßler Trippeltripp

Material: 2 Klangstäbe für jedes Kind

Hinweis: Bei dem Wort „Trippeltripp“ schlagen die Kinder die Klangstäbe gegeneinander.

In einem wunderschönen Garten, abseits von Lärm, Autoabgasen und geschäftigen Menschen, wohnt der Tausendfüßler Trippeltripp. Er mag diesen Garten. Er ist sein Zuhause. Trippeltripp ist ein sehr neugieriger Tausendfüßler, deshalb ist er auch Tag und Nacht auf den Beinen. Nur mittags, wenn die Sonne ganz warm auf den Garten scheint, halt Trippeltripp diese Wärme nicht aus. Er läuft dann unter einen großen Salatkopf und ruht sich dort ein wenig aus. Hier unter dem Salat kann er gut träumen. Trippeltripp hat oft den gleichen Traum. Er sieht einen zweiten Tausendfüßler, mit dem er durch den Garten spaziert. Gemeinsam einen Garten zu entdecken, macht natürlich noch viel mehr Spaß. Aber wenn Trippeltripp aufwacht, dann stellt er fest, dass alles nur ein Traum war. Also läuft er wieder allein durch den Garten. Doch eines Tages, als Trippeltripp wieder auf Wanderschaft ist, da entdeckt er an einem Obstbaum einen anderen Tausendfüßler. Schnell krabbelt er zu dem Baum, bleibt stehen und sagt: „Guten Tag, Tausendfüßler, hast du Lust, mit mir den Garten zu erkunden?“ Der andere Tausendfüßler hat viel Zeit und deshalb krabbelt er mit Trippeltripp von nun an gemeinsam durch die Beete. Es macht beiden viel Spaß, denn man kann sich beim Trippeln immer etwas Schönes erzählen. Von diesem Tag an sieht man Trippeltripp nie mehr allein trippeln. Sein neuer Freund ist immer dabei, und mittags, wenn es sehr heiß ist, dann liegen zwei Tausendfüßler unter einem Salatkopf und träumen.

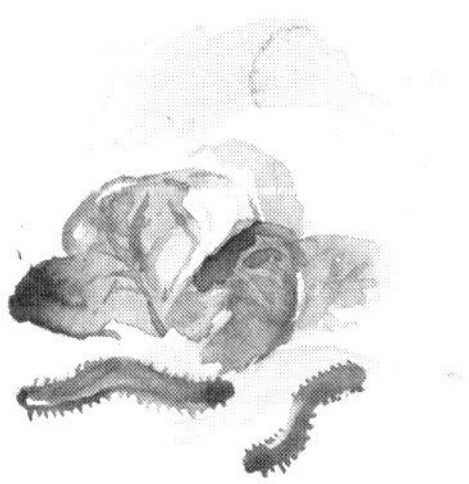

Auswertung: Diese Geschichte kann auch als kleines Rollenspiel aufgeführt werden. Die Erzieherin liest den Text laut vor und zwei Kinder agieren als Tausendfüßler.

Wisch-Wasch, das Matschgespenst

Wisch-Wasch, das Matschgespenst

Material: eine oder mehrere große Mülltüten oder Folie, Wasser, Schmierseife, Sand, Erde, klein geschnittenes Stroh, evtl. Korn, Futtererbsen, versch. große Steine

Weit weg von hier, hinter den Bergen wohnt Wisch-Wasch, das Matschgespenst. Es spielt nicht so wie ihr mit Autos oder Puppen, nein, es matscht. Von morgens bis abends macht es nichts lieber, als mit Händen und Füßen, ja sogar mit seinem ganzen Körper, zu matschen.

Ein Eimer mit Wasser wird auf die Folie geschüttet. Die Kinder patschen durch das Wasser.

Morgens, wenn es wie aus Eimern geregnet hat, steht Wisch-Wasch auf und geht hinaus auf die große Wiese. Fröhlich patscht es durch die Pfützen.

Mit den Füßen schlurfen.

Wisch-Wasch schlurft durch das Gras und entdeckt weiche, matschige Erde.

Schmierseife oder Erde auf das Wasser schütten. Mit den Füßen patschen, matschen und schlittern.

Nun kann Wisch-Wasch erst richtig gut patschen, matschen und auch schlittern.

Erbsen auf die Schmierseife schütten.

Wisch-Wasch geht weiter und marschiert über einen steinigen Weg.
Es spürt jeden Stein unter seinen Füßen. Nun kommt es an einem Kornfeld vorbei.

Stroh auf die Folie werfen.	Wisch-Wasch geht fröhlich mit seinen nackten Füßen über das Stroh. Es ist schön, die Steine, das Wasser und den Matsch zu spüren.
Mit Händen und Füßen matschen usw.	Wisch-Wasch ist glücklich. Vor Freude matscht, kratzt und schmiert es mit Händen und Füßen. Es gibt für Wisch-Wasch kein schöneres Spiel als dieses.
Die Kinder wälzen sich in dieser Matsche und schmieren sich damit ein.	Weil es sich heute besonders glücklich fühlt und weil es ein Matschgespenst ist, wälzt sich Wisch-Wasch in der Matsche und cremt sich von oben bis unten damit ein. Das ist eine Freude. Die Sonne scheint und Wisch-Wasch ist so richtig in seinem Element.
Die Kinder werden mit einem Schlauch abgespritzt.	Doch plötzlich kommen dunkle Wolken auf und es beginnt zu regnen. Nun ist Wisch-Wasch wieder sauber und kein Matschgespenst mehr. Jetzt läuft es schnell nach Haus zurück.
Die Kinder rubbeln sich mit einem Handtuch gegenseitig ab.	Dort rubbelt seine Mutter es mit einem weichen Handtuch trocken.
Die Kinder legen sich auf eine große Wolldecke.	Wisch-Wasch ist müde, legt sich auf eine Decke und schläft ganz schnell ein.

Die Indianer Aneku und Anpetu

Ablauf:

Die Kinder werden in zwei Gruppen aufgeteilt. Die Kinder der einen Gruppe werden dem Indianer Aneku und die anderen dem Indianer Anpetu zugeordnet. Wenn in der Geschichte die beiden Namen genannt werden, geben die Kinder der jeweiligen Gruppe den typischen Indianerruf von sich und stampfen dabei auf den Boden.

Im Stamme der Oglalas leben die beiden Indianerkinder Aneku und Anpetu. Sie sind schon seit langem gute Freunde und machen vieles gemeinsam. Sie spielen, wie fast alle Kinder auf dieser Erde, gerne Verstecken und kennen viele Ball- und Wurfspiele. Ihr Lieblingswurfspiel ist Indiaca. Jeden Morgen, wenn die rote Sonne hinter dem großen Berg aufsteigt und die Dunkelheit der Nacht vertreibt, treffen sich Anpetu und Aneku am blauen Fluss, um dort Indiaca zu spielen. Aneku und Anpetu haben dabei viel Spaß und bei diesem Spiel vergessen sie schnell die Zeit. Sie spielen oft so lange, bis die Sonne wieder hinter dem großen Berg verschwindet. Heute können Anpetu und Aneku aber nicht so lange spielen, denn heute dürfen sie zum ersten Mal mit den Jägern auf Bisonjagd gehen. Sie bekommen wie jeder Indianerjunge Pfeil und Bogen und lernen von den Jägern das Jagen.

Da die Indianer keine Uhren haben, richten sie sich nach dem Stand der Sterne, der Sonne und des Mondes. Deshalb müssen Aneku und Anpetu heute auf den Stand der glühenden Sonne achten. Wenn sie genau über ihnen steht, dann müssen sie zurück, denn dann wollen sich alle Jäger mit einem Tanz auf die Jagd einstimmen. Aneku und Anpetu sind deshalb schon sehr aufgeregt und das Indiaca-Spiel macht ihnen heute nicht so viel Spaß. Sie setzen sich lieber an den blauen Fluss und werfen kleine, flache Steine in das glasklare Wasser, denn dabei können Anpetu und Aneku viel besser den Stand der Sonne beobachten. Doch heute will die Zeit gar nicht vergehen. Auch das Steinewerfen macht Anpetu und Aneku nach kurzer Zeit keine Freude mehr. Sie denken nur noch an die Jagd. Da die Sonne immer noch nicht über ihnen steht, legen sich Aneku und Anpetu noch ein wenig in das Gras, um dem großen Adler beim Fliegen zuzuschauen. Doch das macht Anpetu und Aneku so müde, dass sie plötzlich einschlafen und erst wieder wach werden, als die Sonne hinter dem großen Berg verschwunden ist. „O weh, jetzt haben wir unsere erste Bisonjagd verschlafen", sagt Anpetu. „Macht nichts", sagt Aneku, „in der nächsten Woche ist wieder Bisonjagd und dann bleiben wir ganz bestimmt wach." So schnell es geht, laufen Aneku und Anpetu in ihr Lager zurück, um dort auf ihrem warmen Lager aus Bisonfell weiterzuschlafen.

Wir basteln einen Indiaca-Ball

Material:

einige lange Hühner- oder Entenfedern (es können auch Bastelfedern sein), ein Stück weiches Fensterleder, Reis-körner, eine dicke Nadel und ein festes Band

Herstellung:

Aus dem Fensterleder wird ein Kreis (Durchmesser 20 cm) geschnitten. Der Faden wird rund herum in das Leder gezogen. Dieser Faden wird ein wenig zusammengezogen. Die Vertiefung wird mit Reis gefüllt, sodass ein kleines Reissäckchen entsteht. Die Federn werden zusammengebunden und in den Reis gesteckt. Nun wird das Band fest zusammengezogen und verschnürt. Der Indiaca-Ball ist fertig.

Hinweis:

Dieser Ball wird nicht mit dem Schläger, sondern mit der flachen Hand geschlagen.

Wenn ich mit dem Popo wackel

Wenn ich mit dem Popo wackel

Vorbereitung:

Die Erzieherin verwandelt sich vor den Kindern schnell in einen Quatschmachclown. Sie steckt sich eine rote Nase auf oder schminkt sich die Nase rot und malt sich mit Schminkstiften ein paar bunte Sommersprossen auf. Ein alter Hut aus der Verkleidungskiste oder eine bunte Fliege – und schon ist der Clown fertig.

Material:

Schminkstifte, für jedes Kind eine Fliege oder einen Hut, ein Tennisball und ein Luftballon

Bastelhinweis Clownsnase:

Für eine besonders große und wirkungsvolle Clownsnase wird ein Tennisball ein Stück weit eingeschnitten. Von zwei roten Luftballons wird der schmale Hals abgetrennt. Nun zieht man die zwei Luftballons jeweils halb über den Tennisball und zwar so, dass der Einschnitt frei bleibt. In diesen Schlitz kann man nun die Nase klemmen. Dadurch wird sie ein wenig zusammengedrückt, und wenn der Reim jetzt mit näselnder Stimme vorgetragen wird, hört er sich noch viel lustiger an.

Nun spricht die Erzieherin sehr betont und spielt pantomimisch den Reim vor. Sie kann auch einen Sprechgesang erfinden. Alle Kinder können die Gesten und Bewegungen nachmachen.

Alle wackeln mit dem Popo.	Wenn ich mit dem Popo wackel, genauso wie ein kleiner Dackel, lachen alle, Groß und Klein, schön ist es, ein Clown zu sein.
Zunge zeigen Über die Lippen lecken.	Wenn ich meine Zung rausstrecke und über meine Lippen lecke, lachen alle, Groß und Klein, schön ist es, ein Clown zu sein.
Mit den Zähnen klappern. Mund auf- und zumachen.	Wenn ich mit den Zähnen klapper und mit meinem Mund dann plapper, lachen alle, Groß und Klein, schön ist es, ein Clown zu sein.
Die Arme schütteln. Mit den Füßen trampeln.	Wenn ich mit den Armen hampel, wild dann mit den Füßen trampel, lachen alle, Groß und Klein, schön ist es, ein Clown zu sein.
Pantomimisch gehen. Die Hand als Spiegel vors Gesicht halten.	Wenn ich dann nach Hause gehe und mich in dem Spiegel sehe, lache ich für mich allein, schön ist es, ein Clown zu sein.
Auswertung:	Nun können sich die Kinder gegenseitig mit den Schminkstiften eine rote Nase und Sommersprossen malen. Mit Hut oder Fliege ausgestattet, spielen dann alle pantomimisch den Reim.

Die Eisbären Bim und Bam

Zum Einstieg stellt die Erzieherin das folgende Rätsel:

Sein Fell ist dick und ganz schneeweiß,
in seinem Land, da gibt's nur Eis.
Dort tapst er durch den tiefen Schnee,
gefroren ist hier jeder See.
Er frisst Fische jeden Tag,
weil er sie so gerne mag.
Sag mir ganz schnell, wenn du es weißt,
wie dieses große Tier wohl heißt.

Wenn die Kinder „Eisbär“ erraten haben, liest die Erzieherin die folgende Geschichte vor. Danach werden die Kinder in zwei Gruppen aufgeteilt. Die eine Gruppe spielt den Eisbären Bim und die andere den Eisbären Bam. Kommt in der Geschichte das Wort Bim vor, dann stampfen die Kinder mit ihren Füßen auf den Boden (oder stehen auf). Wenn das Wort Bam kommt, dann stampft die andere Gruppe auf den Boden (oder steht auf).

In einem Zoo leben schon seit vielen Jahren zwei alte, dicke und sehr bequeme Eisbären. Sie heißen Bim und Bam. Dort, wo die zwei früher lebten, ist immer Winter. Doch hier, wo sie jetzt leben, ist es mal warm und mal kalt. Immer wenn die Sonne sie ärgert und ihr weißes Fell ganz warm macht, sind Bim und Bam sehr schlecht gelaunt und unendlich faul. Tagelang verkriechen sie sich in ihrer Bärenhöhle und lassen sich nicht blicken. Doch sobald der Frost mit Eis, Schnee und Kälte Einzug hält, sind Bim und Bam wie verwandelt. Sie tollen vergnügt in ihrem Gehege herum, klettern, balancieren und benehmen sich wie zwei ganz junge Eisbärenkinder.
Mit festem Schritt tapsen sie durch den frischen Schnee, und wenn der eiskalte Wind durch ihr weißes Fell weht, fühlen Bam und Bim sich pudelwohl und

kullern so lange im Schnee herum, bis ihr Fell pitschnass ist. Dann stellen sie sich hin, machen sich groß und schütteln sich so lange, bis ihr Fell wieder trocken ist. Bim und Bam genießen jeden eiskalten Tag. Wenn der Frost den kleinen See in ihrem Gehege zugefroren hat, sind sie nicht mehr zu halten, und sie rutschen stundenlang auf dem See herum. Leicht wie eine Feder gleiten Bam und Bim mit ihrem ganzen Körper über das Eis. Weil sie sich dabei so wohl fühlen, brummen sie so laut vor sich hin, dass es im ganzen Zoo zu hören ist. Oft kommen Bim und Bam den Tag über nicht zur Ruhe, so sehr sind sie damit beschäftigt, die kalten Tage mit lustigen Spielen zu verbringen. Erst wenn es stockdunkel ist, gehen Bam und Bim in ihre Höhle. Aber auch dort können sie oft nicht schlafen. Sie liegen am Höhleneingang, strecken ihre Schnauzen nach draußen und schauen noch so lange den Schneeflocken zu, bis ihre Augen von alleine zufallen.

Körperspiel:

Die Kinder setzen oder stellen sich paarweise zusammen. Ein Kind spielt bei dem anderen Kind die Geschichte mit den Händen oder zwei Tennisbällen gefühlvoll auf dem Rücken nach.

Klangspiel:

Diese Geschichte kann mit klirrenden Gegenständen, wie z. B. Löffel, Alufolie oder Blechdosen, verklanglicht werden.

Lili, die Zaubermaus

Material: ein Zylinder, ein Zauberstab, eine Stoffmaus, ein Stück schwarzer Filz, ein buntes Tuch, weitere Stofftiere wie z. B. Igel, Käfer, Pferd, Hase, eine Auswahl an Orff-Instrumenten, ein großer Stoffbeutel oder Jutesack, für jedes Kind eine Sitzmatte

Trickvorbereitung: Die Stoffmaus wird in den Zylinder gelegt und mit einem Stück schwarzen Filz abgedeckt. Die restlichen Stofftiere werden in den Stoffbeutel gelegt.

Raumvorbereitung: Die Sitzmatten werden in Kreisform gelegt. Die Orff-Instrumente, der Sack mit den Stofftieren, der Zauberstab, das bunte Tuch und der vorbereitete Zylinder liegen griffbereit.

Hinweis: Zunächst wird die Geschichte erzählt und gespielt, anschließend wird sie mit den Instrumenten verklanglicht.

Einstieg: Die Kinder sitzen auf den Matten. Die Erzieherin holt den Zylinder, lässt sie aus der Ferne hineinschauen und sagt:

Hallo, ihr Kinder, schaut mal her,
der Zylinder, der ist leer.
Ich decke mit dem Tuch ihn ab,
klopf dann mit dem Zauberstab.
Sag: „Hokuspokus, schwipp und schwapp“
und nehm das Zaubertuch jetzt ab.
Was hole ich wohl jetzt heraus?

Sie greift in den Zylinder und holt die Maus heraus.

Da staunt ihr, eine kleine Maus.

Diese Maus wird mit dem Namen Lili vorgestellt und auf ein buntes Tuch in die Kreismitte gesetzt. Sie leitet zur folgenden Geschichte über.

Lili ist nicht wie viele ihrer Freundinnen eine Stadtmaus, Feldmaus oder Kellermaus. Sie ist eine Hausmaus und lebt schon seit vielen, vielen Jahren mit dem Zauberer Hieronymus zusammen. Da sie von dem Zauberer gut versorgt wird und keine Körner sammeln oder Speck suchen muss, hat sie viel Zeit für andere Dinge. Sie sitzt darum Tag für Tag ganz still neben dem warmen Ofen und schaut Hieronymus beim Zaubern zu. Ach, wie gern möchte sie sich auch einmal, so wie es der Zauberer macht, in ein großes Tier oder einen Riesen verwandeln können. Ihr Wunsch, Zaubertricks zu erlernen, wird täglich größer. Deshalb macht sie sich eines Nachts, als Hieronymus schläft, leise auf den Weg in das Zauberzimmer. Dort steht im Regal das dicke Zauberbuch, in dem viele, viele Zaubertricks stehen. Bestimmt sind auch ganz leichte dabei, die sie schnell lernen kann, denkt Lili. Flink krabbelt sie die Regalwand hoch und schubst mit ihrem langen Schwanz das Buch aus dem Regal. Zum Glück fällt es auf ein dickes Kissen und es gibt keinen Krach. Lili blättert mit ihren kleinen Füßen Seite für Seite um und sucht leichte Zaubertricks. Sie braucht gar nicht lange zu blättern, da entdeckt sie genau die richtigen. Mit ihrem langen Schwanz schreibt sie sich schnell einige Tricks auf und läuft dann so leise, wie sie gekommen ist, wieder zurück. Nun übt sie die ganze Nacht.

Am andern Tag sitzt sie wie immer bei Hieronymus und schaut ihm beim Zaubern zu. So geht es nun tagaus und tagein. Tags-über sitzt sie bei Hieronymus und in der Nacht zaubert Lili. Sie staunt, wie schnell sie das Zaubern erlernt. Endlich, nach 33 Tagen ist sie so weit. Lili kann jetzt so gut zaubern, dass sie sich zutraut, ihren vielen Freundinnen, den Stadtmäusen, den Feldmäusen und den Kellermäusen, ihre Künste zu zeigen und lädt sie deshalb für die Sonntagnacht, 24 Uhr, zu sich ein.
Um Mitternacht kommen die Stadtmäuse, die Feldmäuse und die Kellermäuse zu Lilli. (Mit Orff-Instrumenten darstellen.) Sie hat in ihrer kleinen Mäusewohnung schon alles vorbereitet und nachdem sie ihre Freundinnen begrüßt hat, holt sie ihren Zaubersack und fängt an zu zaubern. (Erzieherin legt den Sack in die Mitte, kniet sich davor und hält die Maus Lili in ihrer Hand.)

Hokuspokus, ei der Daus,
ich bin die kleine Zaubermaus.
Ich kriech jetzt in mein Zauberhaus,

Die Erzieherin lässt die Maus in dem Sack verschwinden und holt ein Stofftier, das sie gerade greifen kann, z. B. Käfer, heraus.

und komm als Käfer wieder raus.

Die Bewegungen des Käfers werden klanglich dargestellt.

Ich krabble nun ganz schnell umher,
ja, diese Welt gefällt mir sehr.
Muss nun zurück ins Zauberhaus,
und komm als Pferd wieder heraus.

Der Käfer verschwindet in dem Sack. Die Erzieherin holt ein anderes Tier heraus, z. B. Pferd.

Die Bewegungen des Pferdes werden klanglich dargestellt.

Ich galoppiere nun umher,
ja, diese Welt gefällt mir sehr.

Das Pferd verschwindet wieder im Sack. Die Erzieherin holt ein anderes Tier usw. Das wird so lange fortgeführt, bis alle Tiere durchgespielt sind.

Die Erzieherin holt die Maus aus dem Sack.

Muss nun zurück ins Zauberhaus
und komm als Maus wieder heraus.

Das Zaubern mit euch war sehr schön,
nun könnt ihr leis nach Hause gehn.

Mit Orff-Instrumenten darstellen.

Die Stadt-, Feld- und Kellermäuse sind begeistert und freuen sich, dass ihre Freundin eine Zaubermaus ist. Sie verabreden sich wieder für die nächste Sonntagnacht. Dann will Lilli ihnen neue Tricks zeigen. Ganz leise, damit Hieronymus nichts hört, krabbelt jede Maus nach Hause zurück. Auch Lilli krabbelt schnell in ihr Bett. Sie denkt noch einmal an die schöne Nacht und schläft zufrieden ein. Am anderen Morgen sitzt sie wie immer bei Hieronymus und schaut ihm beim Zaubern zu. Aber von ihren Zauberkünsten wird er nie etwas erfahren. Das bleibt ihr Geheimnis.

Auswertung:

Die Erzieherin legt die Auswahl an Orff-Instrumenten in die Kreismitte. Nach einer Experimentierphase werden die Instrumente den Tieren zugeordnet und die Geschichte wird noch einmal erzählt, gespielt und von den Kindern instrumental begleitet.

Hermann und Tusnelda

Materialien:

eine große Auswahl an Orff-Instrumenten, ein Bild (Kalenderbild) von einem Wald, mehrere Faltblätter, für jedes Kind ein Sitzkissen für den Sitzkreis, Malpapier, Stifte, für jedes Kind eine harte Malunterlage (Holzbrett)

Spielanleitung:

Mit Orff-Instrumenten werden Hermann und Tusnelda, die Menschen, die in den Wald gehen, der Wind, der Regen, die Sonne, der Donner, der Blitz, der Baumdoktor, die Waldtiere, das Blätterkleid, das Knacken und Knistern der Äste verklanglicht. Ebenso werden Handlungen und Stimmungen mit den Instrumenten dargestellt.

Ablauf:

Das Waldbild wird auf den Boden gelegt und mit vielen kleinen Faltbildern abgedeckt. Die Kinder können nacheinander die Blätter entfernen und dabei das Bildmotiv erraten. In einem anschließenden Gespräch können die Kinder alles zusammentragen, was sie über den Wald wissen.
Die Erzieherin weist darauf hin, dass in diesem Wald zwei besondere Bäume stehen und erzählt die folgende Geschichte. Danach werden die Orff-Instrumente besprochen und nach einer Experimentierphase werden den Kindern die Instrumente zugeteilt.

Am Rande eines Waldes stehen zwei große Bäume. Der eine ist groß und dick, hat einen runzligen Stamm und knorrige Äste und Zweige. Er trägt eine dichtes Blätterkleid und heißt Hermann. Der andere Baum ist klein und dünn, hat eine glatte Rinde, schlanke Äste und Zweige, ebenfalls ein dichtes Blätterkleid und heißt Tusnelda. Die beiden Bäume sind ein beliebtes Ausflugsziel. Viele Menschen kommen hierher, um Hermann und Tusnelda zu betrachten und zu bestaunen. Hermann und Tusnelda stehen schon seit Jahren hier. Sie sind unzertrennlich, denn zwei ihrer Äste haben sich so miteinander verzweigt, dass sie nicht mehr zu trennen sind. Hermann und Tusnelda lassen sich gerne bestaunen. Je mehr sie be wundert werden, umso breiter wird ihr Blätterkleid. Tusnelda und Hermann sind aus diesem Wald nicht wegzudenken, deshalb pflegt der Förster sie auch besonders gut. Abends, wenn Ruhe eingekehrt ist und kein Mensch mehr in diesem Wald herumstrolcht, stehen die beiden da, schauen in die untergehende Sonne und sind froh, hier zusammen zu sein. Wenn der Wind durch sie hindurch weht, dann streichelt Hermann mit seinen Blättern sanft das Blätterkleid von Tusnelda, und das macht sie sehr glücklich.
So vergehen die Tage und Hermann und Tusnelda sind immer füreinander da. Gemeinsam erleben sie die Sonne und in ihren Strahlen breiten sie sich aus. Sie erleben aber auch Regen und Sturm. Dann halten sie sich mit ihren Ästen gegenseitig fest. Nachts, wenn der Mond sein Licht in den Wald schickt, träumen sie gemeinsam, und Tusnelda schmiegt sich zufrieden an Hermann.

Doch eines Nachts verändert ein starkes Gewitter ihr schönes Leben. Donnerschläge erschüttern den Wald und starke Blitze schnell wie Pfeile zischen vor und hinter ihnen in den feuchten Waldboden. Tusnelda ist sehr ängstlich. Der Sturm zerzaust ihr schönes Kleid und Tusnelda sucht Halt bei Hermann. Ein Blitz nach dem anderen saust zu Boden, und ein Donnerschlag folgt auf den nächsten. Das Gewitter will kein Ende nehmen. Plötzlich zischt es und Hermann wird von einem Blitzschlag getroffen. Ein Blitz, so stark wie ein Stromschlag, fährt durch seinen Stamm und zerreißt ihn in zwei Teile. Er reißt Hermann und Tusnelda von einem Moment zum anderen auseinander. Ein Teil von Hermann kann sich nicht mehr halten und fällt mit einem lauten Knistern und Knacken zu Boden. Oh weh, jetzt steht Tusnelda allein da und ist dem Regen, dem Sturm, dem Donner und den Blitzschlägen schutzlos ausgesetzt. Die ganze Nacht stürmt und regnet es und erst gegen Morgen zieht das Unwetter weiter.
Als am anderen Morgen der Förster in den Wald kommt, ist er sprachlos, als er sieht, was mit Hermann geschehen ist. Sofort holt er Hilfe. Ein Baumdoktor kommt und Hermann wird mit viel Liebe verbunden. Es ist eine harte Arbeit und nach vielen Stunden steht Hermann, von Stöcken gehalten, wieder aufrecht neben Tusnelda. Sie ist sehr besorgt um Hermann.

In den nächsten Tagen kommen viele Menschen, um die beiden zu trösten und ihnen Mut zuzusprechen. Sie legen Blumen vor seinen Stamm, streicheln ihn und wünschen ihm gute Besserung. Auch Tusnelda verwöhnt ihn. Wenn der Wind durch ihr Blätterkleid fährt, streichelt sie ihn zärtlich. Sie wünscht sich so sehr, dass Hermann wieder gesund wird. Die Sonne kommt nun jeden Tag. Mit ihren Strahlen schickt sie ihm Wärme und der Regen schickt ihm frisches Wasser, um seinen Durst zu stillen. Auch die Waldtiere besuchen Hermann täglich. Sogar der Sturm macht einen Umweg.
Er fegt in der nächsten Zeit nicht durch diesen Wald. Er will Hermann nicht wieder verletzen. Sein Heulen ist nur von weitem zu hören. So vergeht einige Zeit und Hermann fühlt sich jeden Tag kräftiger. Er weiß, dass er wieder gesund werden wird.
Eines Tages kommt der Förster mit dem Baumdoktor. Er betrachtet Hermann von allen Seiten und sagt dann: „Ich glaube, Hermann hat es geschafft. Wir können seine Verbände abnehmen." Sie erlösen ihn von den Stöcken und Verbänden und bleiben gespannt stehen. Hermann fühlt sich wieder gesund. Er streckt seine Äste und Zweige nach allen Seiten aus und dreht sein Blätterkleid hin und her. Er hat wieder Kraft. Tusnelda ist sehr froh, dass Hermann wieder prachtvoll neben ihr steht.
Am Abend, als der Mond den Wald erhellt und der Wind leise durch die Bäume säuselt, legt Hermann leicht einen Ast um Tusnelda, denn er ist froh. Alles ist wieder so wie früher. Nur eine Narbe, die lang durch seinen dicken Stamm geht, erinnert noch an das schreckliche Gewitter.

Das Sommergewitter

Das Sommergewitter

Material: eine große Auswahl an Orff-Instrumenten

Spielhinweis: Die Kinder sollten so viele verschiedene Instrumente zum Experimentieren vor sich liegen haben, dass sie die einzelnen Situationen mit typischen Geräuschen unterlegen können. Auch Löffel, Dosen mit Nägeln, Pergamentpapier usw. können für diese Klanggeschichte eingesetzt werden.

Heute ist ein sehr heißer Tag und ich bin auf dem Weg in die Badeanstalt. Die Sonne steht am wolkenlosen Himmel und schickt ihre Strahlen zur Erde nieder. Ich fühle mich schlapp und mit schweren Schritten gehe ich über einen staubigen Weg. Unterwegs sehe ich viele Menschen. Auch sie sind kraftlos und ihre Schritte sind schwer. Immer wieder suchen sie Schatten. Viele sitzen oder liegen unter Bäumen. Niemand hat heute Lust, irgendetwas zu tun. Auch die Tiere leiden unter dieser Hitze. Die Hunde suchen Schutz unter dicken Bäumen und auch die Katzen verkriechen sich in schattige Ecken. Die Blumen in den Gärten und auf den Wiesen senken ihre Köpfe. Sie haben Durst. Die Luft ist heiß und unzählige kleine Gewittertierchen fliegen und krabbeln überall herum. Ich halte Ausschau nach einem schattigen Plätzchen.

Da entdecke ich eine Bank. Sie steht unter einem großen Kastanienbaum. Sein Blätterkleid ist so dicht, dass kein Sonnenstrahl hindurchdringen kann. Diesen Platz suche ich mir aus. Erschöpft und müde setze ich mich und beobachte die Menschen um mich herum. Sie schwitzen und jeder versucht, den Sonnenstrahlen zu entkommen. Die Straßen sind glühend heiß und die Gewittertierchen krabbeln über meine nackte Haut. Nein, so macht der Sommer auch keinen Spaß.

Mit einem Mal kommt Wind auf. Er streicht über meine Haut und kühlt sie. Ich schaue zum Himmel und entdecke in weiter Ferne dicke, dunkle Wolken. Es sieht nach einem Gewitter aus. Die Wolken werden vom Wind getrieben und in wenigen Minuten ist der Himmel stockfinster. Die Sonne ist verschwunden, der Wind wird stärker. Ich sitze unter dem Baum und beobachte die dunklen Wolken. Plötzlich zuckt weit entfernt ein Blitz am Himmel und dann donnert es auch schon. Der Wind wird immer stärker. Schon spüre ich einige Regentropfen. Ganz sacht fallen sie auf meine Knie. Ich schaue hoch und sehe über mir schwarze Wolken. Jetzt donnert und blitzt es in einem fort. Hier kann ich nicht mehr bleiben. Schnell mache ich mich auf den Heimweg. Der Regen wird immer stärker.
Es regnet so stark, dass ich in wenigen Sekunden von Kopf bis Fuß nass bin. Die letzten Meter bis zum Haus renne ich ganz schnell. Es donnert und blitzt fast ohne Pause. Im Haus angekommen setze ich mich ans Fenster und beobachte das Gewitter. Doch so schnell wie es gekommen ist, so schnell ist es auch wieder vorbei. Es blitzt und donnert nur noch selten. Auch der Regen lässt nach und die dunklen Wolken werden vom Wind weggepustet. Jetzt kommt auch die Sonne wieder. Nichts mehr ist von dem Gewitter zu hören und zu sehen. Schnell gehe ich wieder nach draußen und atme die frische Luft tief ein. Es ist kühler geworden und die Menschen können wieder mit frischer Kraft ihrer Arbeit nachgehen. Auch die Blumen und Bäume haben sich wieder aufgerichtet. Die Tiere laufen, springen und toben ausgelassen herum. Die Gewittertierchen sind wie weggeblasen und es ist wieder ein wunderbarer Sommertag.

Familie Blattlaus

Unruhige Zeiten mit Familie Blattlaus

Material:

eine Auswahl an Orff-Instrumenten, z. B. große und kleine Glocken, ein Paar Klangstäbe, verschiedene Holzinstrumente, Triangel, Glockenspiel, Holzblock, Rasseln, Tamburin, falls vorhanden ein Bild mit Blattläusen (ansonsten das Bild eines Baums), viele kleine Abdeckblätter

Hinweis:

Die Anzahl der Instrumente sollte größer sein als die Anzahl der Kinder. Dadurch werden sie nicht in ihrer Entscheidungsfreiheit eingeschränkt. Alternativ oder in Ergänzung zu den Orff-Instrumenten können mit Steinchen oder Sand gefüllte Dosen, Deckel, Pergamentpapier, Löffel usw. zur Verklanglichung zur Verfügung gestellt werden.

Einstieg:

Das Bild mit dem Blattlaus- oder Baummotiv liegt auf dem Boden und ist mit kleinen Blättern bedeckt, damit die Kinder das Motiv nicht sofort erkennen. Nacheinander können sie dann ein Blatt nach dem anderen entfernen. Die Kinder sollen möglichst früh erraten, was auf dem Blatt zu sehen ist. Wenn das Motiv erraten wurde, werden alle Abdeckblätter weggenommen. Die Erzieherin initiiert ein Gespräch über das Bildmotiv, leitet dann zur folgenden Geschichte über und erzählt sie. Dabei kommen die Instrumente zunächst noch nicht zum Einsatz.

In einem großen Baum mit unzähligen saftigen, grünen Blättern wohnen Herr und Frau Blattlaus mit ihren vielen, vielen Kindern, die immer nur eines haben, nämlich Hunger. Früh morgens, wenn die ersten Sonnenstrahlen auf die Erde fallen (Glockenspiel) und den großen Baum erreicht haben, geht das Geschrei der Blattlauskinder schon los (kleine Glocken). Ein Glück, dass dieses Geschrei nur die Tiere hören können und nicht die Menschen, sonst würden sie sich bestimmt etwas einfallen lassen, um die Blattläuse für immer loszuwerden. Damit Vater und Mutter Blattlaus keinen Ärger mit den noch schlafenden Tieren bekommen, trippeln sie so schnell es geht mit ihren Kleinen (große und kleine Glocken) zwischen den Ästen und Zweigen herum, um saftig grüne Blätter zu finden. Haben sie geeignete Blätter gefunden, so beginnt das große Fressen. Nun ist kein Geschrei mehr zu hören, sondern ein lautes Knabbern und Schmatzen (Die Glocken werden ersetzt durch Holzinstrumente.), was wieder nur die Tiere und nicht die Menschen hören können.

An diesem Morgen haben Vater und Mutter Blattlaus Glück. Zumindest denken sie das, denn bisher ist noch kein anderes Tier aufgewacht. Doch kaum haben sie das gedacht, da schreit auch schon die Vogelmutter in ihrem Nest. Sie schimpft (Triangel), denn sie ist von dem lauten Schmatzen und Knabbern wach geworden. Doch, o weh, von dem Schrei der Vogelmutter ist das Eichhörnchen aufgeweckt worden. Es kommt aus seiner Höhle, hüpft aufgeregt von Ast zu Ast (Holzblock) und schimpft über das Geschrei der Vogelmutter, das es aufgeweckt hat.

Als das Eichhörnchen so aufgebracht durch den Baum hüpft (Holzblock), wackeln die Äste und Zweige so stark (Rasseln), dass einige Eicheln auf die Erde und direkt auf den Kopf eines Hasen fallen (Tamburin), der unter dem Baum liegt und schläft. Von diesen herunterfallenden Eicheln wird der Hase wach, er hoppelt aufgeregt um den Baum herum und beschimpft (Klangstäbe) das Eichhörnchen, das aufgeregt von Ast zu Ast springt (Holzblock) und dabei den Vogel beschimpft, der in seinem Nest sitzt und laut zwitschernd (Triangel) Herrn und Frau Blattlaus beschimpft.

Alle sind empört, nur die hungrigen Blattlauskinder bekommen von all dem nichts mit. Sie fressen, schmatzen und knabbern weiter (Holzinstrumente) gerade so, als wäre gar nichts geschehen. Nach einiger Zeit sind sie satt und Vater und Mutter Blattlaus krabbeln mit ihren Kindern zurück (große und kleine Glocken) in ihre Wohnung. Langsam kehrt wieder Ruhe ein. Der Vogel fliegt noch einmal im Baum herum (Triangel) um nachzuschauen, ob nun auch alle Blattläuse wieder verschwunden sind. Dann legt er sich in sein Nest und schläft weiter. Das Eichhörnchen nimmt schnell noch einige Eicheln mit und hüpft (Holzblock) zurück in seine Höhle, und der Hase hoppelt (Klangstäbe) auch noch einmal um den Baum, um nachzusehen, ob alles in Ordnung ist. Dann macht er es sich wieder unter dem Baum bequem und schläft schnell ein. Nun ist es mäuschenstill in dem Baum, so als wäre niemals etwas gewesen. Nur die Blätter rascheln ganz, ganz leise im Wind (Rasseln).

Nun werden die verschiedenen Instrumente in die Kreismitte gelegt. Nach einer Experimentierphase werden sie den entsprechenden Tieren und Geräuschen zugeordnet und die Geschichte kann verklanglicht werden.

Winfried, der Wurm

Material:

ein Apfel, ein Zauberstab (oder Salz als Zaubersalz), Wolle, Scheren, ein Obstmesser, ein schönes Tuch und einige Orff-Instrumente, z. B. Handtrommel, Schellenband, Rassel, Rührtrommel, Tamburin, Triangel

Einstieg:

Die Kinder sitzen im Kreis und jedes von ihnen bekommt einen Wollfaden. Sie sollen sich vorstellen, sie seien Zauberer, die den Faden in irgendetwas anderes verwandeln wollen.
Jedes Kind überlegt sich, in welches Tier oder welchen Gegenstand es seinen Faden verwandeln kann.
Nun zaubert die Erzieherin. Sie nimmt einen Zauberstab oder das Zaubersalz, einen Wollfaden und „verwandelt" den Faden mit einem Zauberspruch in einen Wurm:

Hokus, pokus, ei der Daus,
ich denk mir einen Spruch nun aus.
Mit Fidibus und Zaubersturm
(laut und kräftig pusten)
wird aus dem Faden nun – ein Wurm!

Nun legt sie ein grünes Tuch in die Mitte, legt einen Apfel darauf und lässt den „Wurm" zum Apfel kriechen. Die Kinder sollen erzählen, was nun passieren könnte.
Danach wird die Klanggeschichte erzählt (beim ersten Mal ohne Einsatz der Instrumente).

Wie jeden Morgen kriecht Winfried, der Wurm, durch das taufrische Gras (Handtrommel mit der Hand reiben), um sich sein Frühstück zu suchen. Er spürt, dass er heute auf etwas ganz Besonderes Appetit hat. Aber worauf, das weiß er noch nicht. Winfried kriecht durch dichtes Gras, über Stöcke und Blätter, immer auf der Suche nach etwas Essbarem (Handtrommel).

Dabei begegnet er dem Käfer Kurt. Auch der sucht sich sein Frühstück. Flink und sehr beschäftigt läuft er an Winfried vorbei (Triangel). Er weiß, was er heute zum Frühstück isst. Auf einem großen Blatt sitzen unzählige grüne Blattläuse. Sie kribbeln und krabbeln dort hin und her (Schellenband). Davon will Kurt sich einige holen.

Winfried hat jedoch immer noch nichts gefunden. Er kriecht weiter umher (Handtrommel), immer auf der Suche nach einem ganz besonderen Frühstück. Da sieht er seine Freundin, die Spinne Frieda. Sie krabbelt in ihrem Spinnennetz herum (Rassel) und ist damit beschäftigt , eine riesengroße Fliege zu verspeisen. Ganz ruhig bleibt Winfried sitzen und schaut Frieda beim Frühstücken zu. Danach rollt sie sich zufrieden zusammen (Rassel), um ein kleines Schläfchen zu halten.

Winfrieds Hunger wird immer größer. Wenn er nicht bald etwas findet, dann wird er vor Schwäche nicht mehr kriechen können. Langsam und auf der Suche nach etwas Besonderem kriecht er weiter (Handtrommel).

Mit einem Mal plumpst (Tamburinschlag) direkt vor ihm ein Apfel ins Gras.

Er kullert ein kleines Stück (Rührtrommel) und bleibt dann liegen.

Nun weiß Winfried, was er heute zum Frühstück isst. So schnell er kann, kriecht er zu dem Apfel (Handtrommel). Schnell sucht er eine Stelle, an der er durch die Schale in den Apfel kommt. Winfried braucht gar nicht lange zu suchen. Der Apfel ist von dem Fall an allen Seiten aufgeplatzt. „Jetzt aber nichts wie ran", denkt Winfried, und so schnell es geht, frisst er sich durch das Fruchtfleisch (auf der Handtrommel mit den Fingerspitzen kratzen).
Hmm, der Apfel ist zuckersüß und Winfried frisst und frisst ohne Pause (auf der Handtrommel mit den Fingerspitzen kratzen).
Nach einiger Zeit ist er so satt, dass er sich nicht mehr von der Stelle bewegen kann. Regungslos liegt er in dem süßen Apfel und schläft zufrieden ein.
Erst Stunden später wird er wach und macht sich auf den Heimweg (Handtrommel). Unterwegs trifft er wieder die Spinne Frieda (Rassel). Sie sitzt in ihrem Netz und wartet auf etwas Essbares. Er sieht den Käfer Kurt (Triangel), der immer noch damit beschäftigt ist, die krabbelnden Blattläuse (Schellenband) zu verspeisen.
Nachdem Winfried zu Hause ist, verkriecht er sich unter ein Blatt (Handtrommel) und ruht sich hier so lange aus, bis er wieder Hunger bekommt.

Abschluss:

Die Instrumente werden in die Mitte gelegt. Nach einer Experimentierphase, bei der die Kinder jedes Instrument ausprobieren können, werden sie dann den verschiedenen Tieren zugeordnet.
Danach kann die Geschichte erneut vorgelesen und mit den verschiedenen Instrumenten begleitet werden. Abschließend wird der Apfel, der in der Kreismitte liegt, aufgeteilt und gemeinsam gegessen.

Herr Pustewind

Herr Pustewind

Material:

Dinge, die Windgeräusche erzeugen, z.B. der Deckel eines Flötkessels, Plastikschläuche in verschiedenen Stärken und Längen, Butterbrotpapier, Flaschen, ein Kassettenrekorder, mit dem diese Geschichte aufgenommen werden kann, für jedes Kind ein Sitzkissen, zwei Tücher

Vorbereitung:

Die genannten Gegenstände werden in die Mitte des Raumes auf ein Tuch gelegt und mit dem zweiten Tuch abgedeckt. Für jedes Kind wird ein Sitzkissen bereitgelegt.

Die Kinder setzen sich auf die Sitzkissen und versuchen, das folgende Rätsel zu lösen.

Er pfeift und heult, er ist sehr stark,
reißt alles um, was er nicht mag.
Doch manchmal bläst er auch ganz sacht,
was allen Menschen Freude macht.
Er streichelt dich, zerzaust dein Haar,
die Kühle, sie ist wunderbar.
(Wind)

Experimentierphase:

Nachdem die Kinder das Rätsel gelöst haben, können sie mit den bereitgestellten Materialien Windgeräusche erzeugen.

Im watteweichen Wolkenhaus wohnt Herr Pustewind. Er saust täglich auf der Wolkenstraße hin und her und schaut auf der Erde nach dem Rechten. Herr Pustewind ist ein lustiger Geselle und macht den ganzen Tag nur das, was er will. Er bringt dabei die Menschen auf der Erde oft durcheinander, denn

durch seine ständig wechselnden Windspielereien weiß niemand so genau, was im nächsten Augenblick, in der nächsten Stunde, in der Nacht oder am Tag geschehen wird.
Aber gerade das gefällt dem Pustewind. Niemand auf der Erde soll schon vorher wissen, was er im nächsten Augenblick machen will. Oft säuselt er still und leise vor sich hin und streichelt dabei sanft alles, was ihm in den Weg kommt. Er berührt die Pflanzen, die Tiere und die Menschen, die das als sehr angenehm empfinden. Aber im nächsten Augenblick heult er auf und pustet auf der Erde alles durcheinander. Blätter wirbeln herum, Hüte fliegen durch die Luft und die Wäsche flattert. Ein anderes Mal pfeift er durch alle Ritzen und reißt um, was nicht befestigt ist oder sich selbst halten kann. Dann gibt es Augenblicke, da stöhnt und ächzt er so laut, dass die Menschen und Tiere in ihre Häuser und Stallungen flüchten. Aber meistens ist Herr Pustewind ganz zärtlich und tanzt vergnügt und beschwingt in der Welt hin und her, so dass die Blätter in den Bäumen ein leises Windlied singen. Manchmal ist es auch windstill. Dann können die Menschen sich in Ruhe auf die Wiese legen und sich sonnen, oder im Park spazieren gehen, in Straßencafés sitzen oder im Garten arbeiten. Wenn es den Menschen zu heiß wird, dann schickt Herr Pustewind ihnen eine kleine Abkühlung, über die sich alle freuen. Aber am liebsten schaut er spielenden Kindern zu. Manchmal schickt er ihnen eine kräftige Brise. Dann lassen sie ihre Drachen und Windvögel steigen oder sie spielen mit ihren Windrädern. Darüber ist er sehr glücklich, bläst dann noch einmal ganz kräftig und ist froh, Herr Pustewind zu sein.

Mit den oben angegebenen Materialien wird die Geschichte mit Windgeräuschen untermalt und mit dem Kassettenrekorder aufgenommen. Anschließend können die Kinder ihre eigene Windgeschichte hören.

Der Streit um die Höhle im Baum

Material:

eine Auswahl an Orff-Instrumenten wie Klangstäbe, Glocken, Tamburin und Besen, Rasseln, Triangel, ein großer Bogen weißer Fotokarton, dicke Filzstifte, ein großes Tuch, ruhige Instrumentalmusik, ein Kassettenrekorder

Einstieg:

Die Kinder sitzen im Kreis. Die Instrumente liegen griffbereit in der Kreismitte und sind mit einem Tuch abgedeckt. Die Erzieherin stellt den Kassettenrekorder an; es ertönt leise ruhige Instrumentalmusik. Sie malt auf die weiße Pappe den Umriss eines dicken Baums. In seinem Stamm ist ein Loch. Das ist der Eingang zu einer Baumhöhle. Dieses Bild regt zu einem gemeinsamen Gespräch über die unterschiedlichen Baumhöhlenbewohner an. Danach erzählt die Erzieherin folgende Geschichte.

Im Stamm einer dicken, alten Eiche befindet sich schon seit vielen Jahren eine Höhle. Viele Winter lang ist sie die Wohnung einer Eichhörnchenfamilie gewesen, doch in diesem Jahr, da steht die Baumhöhle leer. Wo die Eichhörnchenfamilie geblieben ist, das weiß niemand. Aber an einem eiskalten Tag, als der Wind über die Felder fegt (Handtrommel und Besen) und der Regen auf die Erde niederprasselt (Rassel), macht sich eine Igelfamilie auf, um Ausschau nach einer wetterfesten Wohnung zu halten (Klangstäbe). Ihr Blätterhaus ist ihnen zu feucht und an allen Ecken zieht es herein. Deshalb haben sie sich auf den Weg gemacht, um für den Winter, der bald kommen wird, eine bessere Unterkunft zu finden. Zuversichtlich trippeln Vater, Mutter und drei Igelkinder hintereinander her (Klangstäbe). Sie haben sich für ihren Erkundungsspaziergang aber leider einen sehr schlechten Tag ausgesucht, denn der Wind fegt immer heftiger über die Wiesen und Felder (Handtrommel mit Besen) und der Regen prasselt noch stärker auf die Erde (Rasseln). Doch die Igelfamilie ist nicht allein auf der Suche nach einer neuen Wohnung. Auch Familie Wühlmaus ist unterwegs, um nach einer neuen Wohnung Ausschau zu halten (einzelne Glockentöne) Ihre Wohnung ist zu klein, denn sie haben viel Nachwuchs bekommen, und sie brauchen dringend eine neue Wohnung, bevor der Winter kommt,. So trippeln Vater, Mutter und fünf Mäusekinder (einzelne Glockentöne) durch Regen (Rasseln) und Wind (Handtrommel und Besen) und halten Ausschau nach einer geeigneten Wohnung.

Ohne voneinander zu wissen, trippeln die Igelfamilie (Klangstäbe) und die Mäusefamilie (Glockentöne) durch Regen (Rasseln) und Wind (Handtrommeln und Besen) auf der Suche nach einem neuen Quartier. Fast zur selben Zeit entdecken die beiden Familienväter die dicke Eiche und den Eingang zu der Höhle: „Wir sind am Ziel“, ruft der Igelvater und trippelt allein weiter, um sich die Höhle anzuschauen (ein Paar Klangstäbe). Gerade als er im Höhleneingang verschwunden ist, ruft der Mäusevater: „Wir sind am Ziel.“ Auch er hat den Eingang entdeckt, läuft nun allein weiter (eine Glocke) und verschwindet auch im Baum. In der Höhle ist es so dunkel, dass sich Vater Igel und Vater Wühlmaus nicht sehen. Sie trippeln in der großen Baumhöhle hin und her (Glocke und Klangstäbe) und keiner bemerkt den anderen. Vater Igel und Vater Wühlmaus sehen und hören sich nicht (Glocke und Klangstäbe). Als sie jedoch gleichzeitig zum Ausgang der Höhle trippeln, stehen sie plötzlich voreinander. Vater Igel und Vater Wühlmaus schauen sich an und jeder weiß, worum es geht. Es geht um diese Wohnung. Jeder will diese neue Höhle für seine Familie haben und keiner will darauf verzichten.

So entsteht ein heftiger Streit zwischen Vater Igel und Vater Wühlmaus (Klangstäbe und Glocke steigern ihren Rhythmus). Unterdessen haben sich Mutter Igel und Mutter Wühlmaus mit ihren Kindern vor der Höhle getroffen und sich sofort gut verstanden (restliche Klangstäbe und Glocken klingen langsam und harmonisch). Auch Mutter Igel und Mutter Wühlmaus haben sich über die neue Wohnung unterhalten (ein Paar Klangstäbe und eine Glocke langsam und ruhig) und sie sind sich einig: Sie wollen gemeinsam hier einziehen und den Platz in der großen Baumhöhle teilen. Während Vater Igel und Vater Wühlmaus noch streiten (ein Paar Klangstäbe und Glocke schnell und laut), spielen, lachen und scherzen die Mäusekinder gemeinsam mit den Igelkindern vor der Höhle (restliche Klangstäbe und Glocken) und Mutter Igel und Mutter Wühlmaus sitzen vor der Eiche in der Sonne (Triangel), die unterdessen den Regen und den Wind vertrieben hat. Dort warten sie auf Vater Igel und Vater Wühlmaus. Nach einer langen Wartezeit kommen die zwei aus der Höhle und noch bevor sie etwas sagen können, rufen Mutter Wühlmaus und Mutter Igel: „Wir ziehen gemeinsam ein. Platz ist bestimmt für alle in der großen Höhle.“ Erstaunt schauen sich Vater Igel und Vater Wühlmaus an und dann trippeln alle (alle Instrumente werden gespielt) in ihre neue Wohnung. Nun ist die Höhle wieder bewohnt und Familie Wühlmaus und Familie Igel verbringen gemeinsam viele schöne Tage in ihrem neuen Zuhause.

Auswertung:

Im zweiten Teil des Angebotes wird die Decke von den Instrumenten genommen. Sie stehen nun für eine Experimentierphase zur Verfügung. Danach ordnen die Kinder die Instrumente den Handlungen und Tieren zu. Nun kann die Geschichte verklanglicht werden. Zum Schluss malen alle gemeinsam bei ruhiger Musik das Bild der Baumhöhle dem Inhalt der Geschichte entsprechend zu Ende.

Auf der Suche nach dem Weihnachtsglöckchen

Material: Eine Auswahl an Orff- Instrumenten

Ablauf: Beim Erzählen der Geschichte werden das Weihnachtsglöckchen, Engel, Sterne, Mond, Wind, klirrende Kälte und Schneeflocken mit verschiedenen Instrumenten klanglich begleitet.

Seit genau drei Tagen herrscht bei den Engeln große Unruhe. Das Weihnachtsglöckchen, das immer in dem großen Weihnachtszimmer lag, ist verschwunden. Von morgens bis abends suchen die Engel den Himmel ab. Aufgeregt laufen sie hin und her, schauen hinter jede Wolke, doch nirgends ist das Glöckchen zu finden. Die Engel sind sehr nervös, denn wenn das Glöckchen bis zum Heiligen Abend nicht gefunden wird, dann kann es für die Menschen auf der Erde nicht das Fest einläuten. O je, was sollen sie bloß machen? Ratlos sitzen die Engel auf einer dicken Wolke und niemand weiß eine Lösung. Mit einem Mal hören sie in der Ferne schwere Schritte. Die Engel kennen diese Schritte genau. Das muss der Mond sein. Er kommt wie jeden Abend, um nachzufragen, ob alles in Ordnung ist. Als er hört, dass das Weihnachtsglöckchen verschwunden ist, wird er böse und stampft mit polterndem Schritt fort. Die Engel werden von Minute zu Minute trauriger. Noch einmal suchen sie den ganzen Himmel ab. Sie laufen hin und her. Irgendwo muss das Glöckchen doch sein! Doch ihre Suche bleibt erfolglos. Nun kann ihnen nur noch der Wind helfen. Sie rufen ihn und wie ein Blitz kommt er herbei. Ein heftiges Sausen und Brausen ist am Himmel zu hören, die Wolke, auf der die Engel sitzen, wird heftig hin und her geschüttelt, und schon ist er da.

Er bringt klirrende Kälte mit und verstreut unzählige kleine Schneeflocken. Sie tanzen und wirbeln zwischen den Wolken herum. Die kleinen Engel fragen den Wind, ob er auf seiner weiten Reise das Glöckchen gesehen habe. Doch er pustet den Engeln eisige Kälte ins Gesicht und antwortet mit brummiger Stimme, dass er das Glöckchen auch nicht gesehen habe. So schnell, wie er gekommen ist, braust er auch wieder mit lautem Klirren und Knacken davon. Mit ihm verschwinden auch die unzähligen kleinen Schneeflocken. Die Engel sind verzweifelt. Wen sollen sie jetzt noch fragen? Mit einem Mal sagt der kleinste Engel: „Wir fragen die Sterne. Die sind so hell, vielleicht haben sie das Glöckchen gesehen." Gesagt, getan. Je näher sie den Sternen kommen, umso heller wird es um sie herum. Aufgeregt fragt der kleine Engel: „Habt ihr vielleicht das Weihnachtsglöckchen gesehen? Wir haben es verloren und müssen es unbedingt wiederfinden. Wenn wir es nicht finden, kann für die Menschenkinder das Weihnachtsfest nicht eingeläutet werden und darüber wären sie dann bestimmt sehr traurig." Die Sterne verstehen den Kummer der Engel sehr gut und wollen helfen. Gemeinsam machen sie sich noch in der Nacht auf den Weg. Sie ziehen hin und her und schauen in alle Ecken. Auf einmal hört ein Stern ein leises Bimmeln.

Langsam zieht der Stern dem Bimmeln entgegen und es wird immer lauter. Tatsächlich findet der Stern das gesuchte Glöckchen! Es hat sich in einer dicken, watteweichen Wolke verfangen und kann allein dort nicht mehr heraus. Die Wolke schaukelt das Glöckchen hin und her. Mit viel Rucken und Schütteln gelingt es dem Stern, das Glöckchen zu befreien. Dann zieht der Stern eilig damit zu den anderen Sternen. Alle sind sehr froh. Endlich ist das Weihnachtsglöckchen wieder da. Gemeinsam eilen die Sterne zu den Engeln. Von weitem hören sie das Weihnachtsglöckchen bimmeln. Voller Freude laufen sie den Sternen entgegen und nehmen ihr verloren gegangenes Glöckchen in Empfang.

Vor Freude machen nun die Sterne gemeinsam mit den Engeln und dem Glöckchen einen Tanz. Dann fliegen sie zum Mond. Von weitem hört er sie schon kommen. Als er die Sterne, die Engel und auch das Glöckchen sieht, sagt er: „Endlich, es wird auch Zeit, denn genau in einer Stunde ist auf der Erde Weihnachten." Das Glöckchen macht sich bereit und saust mit dem Wind hinunter zur Erde. Gespannt stehen die Sterne und der Mond am Himmel und die Engel sitzen auf einer dicken Wolke. Sie warten auf das Bimmeln des Glöckchens. Jetzt hören sie es. Laut und wunderschön läutet das Weihnachtsglöckchen das Fest ein. „Nun ist alles wieder gut", sagt der kleinste Engel und lässt sich gemeinsam mit den anderen Engeln in eine watteweiche Wolke plumpsen und schläft ein. Am Himmel ist es mucksmäuschenstill, nur das Läuten des Glöckchens ist klar und deutlich zu hören.

Mumu, das Klingelgespenst

Mumu, das Klingelgespenst

Material: Baumaterialien nach eigener Wahl zur Erstellung eines Schlosses (Bauklötzchen oder Kartons), Teelichter in Gläsern, eine Glocke, Kissen und Decken

Raumvorbereitung: Der Raum ist verdunkelt und mit Teelichtern geschmückt. Mit Kissen und Decken wird eine Leselandschaft gelegt. Die Materialien stehen griffbereit.

Einstiegsangebote:

Besuch einer Burg oder eines Schlosses

Viele Burgen oder Schlösser bieten Führungen an, die spe-ziell auf Kinder zugeschnitten sind. Nutzen Sie die Gelegenheit, wenn in Ihrer Nähe solch ein Angebot besteht, und machen Sie zusammen mit der Kindergruppe und ein paar Eltern als Aufsichtspersonen einen Tagesausflug.

Bildbetrachtungen und Gespräch: Burgen und Schlösser

Neben Bilderbüchern finden sich in Bibliotheken auch Beschreibungen und Bilder von historischen Gebäuden, die evtl. sogar in der näheren Umgebung standen oder stehen.

Gemeinsames Bauen eines Schlosses

Die Kinder können sich von realen Gebäuden oder Bildern inspirieren lassen und sollen alle an einem Bauwerk arbeiten.

Anschließend setzen sie sich auf die Decken und Kissen. In einem Gespräch können die Kinder ihre Vermutungen äußern zu der Frage, wer wohl in einem Schloss wohnen könnte. Die Erzieherin leitet zur Geschichte über, etwa mit den Worten:

In einem Turm dieses Schlosses wohnt ein kleines Klingelgespenst. Es heißt Mumu und erlebt jeden Tag neue Abenteuer.

Hinweis:

Gespenstergeschichten sollten spannend erzählt werden. Dazu ist es notwendig, dass die Erzieherin den Text auswendig kennt und dadurch imstande ist, die Geschichte frei zu erzählen. Die Geschichte kann beliebig verändert oder fortgesetzt werden.

Mumu ist noch ein kleines Gespenst und lebt mit seiner Familie hoch oben im Schlossturm. Es ist das jüngste Gespenst und deshalb muss es noch viel lernen. Doch das Zischen und Klappern kann es schon sehr gut. Mumu ist sehr lebhaft und spielt, hüpft, läuft und springt mit seinen Geschwistern im ganzen Schloss herum. Es kann niemals still in einer Ecke sitzen. Wenn seine Geschwister schon müde sind, saust Mumu noch munter umher.
In dem alten Schloss gibt es herrliche Verstecke und Mumu kann überall etwas entdecken. Dabei vergisst das kleine Gespenst manchmal die Zeit, und wenn die Morgendämmerung kommt, muss die Gespenstermutter Mumu suchen. Damit das ein Ende hat und sie ihr Jüngstes schneller findet, hat sie dem kleinen Gespenst viele kleine Glöckchen an das Gewand genäht. Die klingeln so laut und hell, dass seine Mutter sofort hören kann, wo Mumu sich befindet.
Eines Abends, als Mumus Mutter damit beschäftigt ist, einen schönen Sonntagskuchen zu backen, verspürt Mumu wieder eine große Unruhe in sich. Es ist ihm hier viel zu langweilig und deshalb schleicht es sich ganz leise aus dem Turmzimmer und läuft blitzschnell die langen Treppen im Schloss hinunter. Doch dabei klingelt sein Gewand und Mumu muss jetzt viel langsamer gehen, denn niemand soll es hören.
Unterwegs kommt es an vielen Zimmern vorbei. Neugierig schaut Mumu in jedes Zimmer hinein. Hin und wieder stößt es dabei an einen Stuhl oder Tisch und dann klingelt sein Gewand. „Hoffentlich hat das niemand gehört“, denkt Mumu und macht sich schnell aus dem Staub. Auf seinem Weg kommt es an einer großen eisernen Tür vorbei. Da alle anderen Türen offen stehen und nur diese verschlossen ist, wird Mumu sehr neugierig.

Vorsichtig drückt es die Klinke herunter und versucht die Tür zu öffnen. „O je, ist die aber schwer", seufzt Mumu leise. Es holt tief Luft und mit einem kräftigen Ruck schiebt es die Tür auf. Dabei klingeln wieder alle Glöckchen. Mumu lauscht. Niemand scheint das Klingeln gehört zu haben. Leise betritt Mumu den Raum. Mit einem Mal bekommt es einen riesigen Schreck. Es steht vor einem großen eisernen Mann. „O nein", denkt Mumu, „jetzt packt er mich." Schnell huscht es hinter einen Schrank. Von dort aus kann Mumu diesen eisernen Mann beobachten. Plötzlich bewegt er sich. Er setzt langsam Fuß vor Fuß und geht durch den Raum. Dabei knackt und klappert es so laut, dass Mumu vor Angst zittert. Bei jedem Schritt kommt der Eisenmann näher zu dem Schrank, hinter dem Mumu sich versteckt hat. „Hoffentlich sieht er mich nicht", denkt Mumu und wird vor Aufregung ganz blass. Mumu zittert am ganzen Körper und die kleinen Glöckchen beginnen zu klingeln. Mumu hält sich die Augen zu, denn es will nichts mehr sehen. Nur hin und wieder blinzelt es durch die Finger und sieht, wie der eiserne Mann auf seinen Platz zurückgeht und wie versteinert stehen bleibt. Jetzt ist alles wieder still. Nach einer Weile traut sich Mumu, das Versteck hinter dem Schrank zu verlassen. Ganz leise und langsam, damit nur ja kein Glöckchen klingelt, schleicht Mumu an dem eisernen Mann vorbei zur Tür hinaus. Dann rast es wie ein Blitz die Treppenstufen hinauf, läuft durch große Räume und um viele Ecken. Dabei klingelt sein Gewand so laut, dass es im ganzen Haus zu hören ist. Mumus Mutter hört das Geklingel und läuft ihm entgegen. Sie sieht, dass Mumu Angst hat, denn sein Gesicht ist weiß wie Schnee. Mumu zittert von Kopf bis Fuß und dabei klingeln die Glöckchen ganz laut. „Gut, dass du mich gefunden hast", sagt Mumu leise und ist froh, auf Mutters Armen ins Bett getragen zu werden. Dort schläft es sofort ein, und wovon es träumt, das könnt ihr euch ja denken.

Abschluss:

Die Kinder stellen Mutmaßungen darüber an, was Mumu träumt.

Auswertungsvorschläge

Glöckchen Suchspiel

Das Klingelgespenst hat ein Glöckchen verloren.
Wo steckt es?

Spielablauf:

Ein Kind spielt das Klingelgespenst und verlässt den Raum. Von den Kindern im Raum bekommt eines ein Glöckchen. Alle Kinder halten ihre Hände auf dem Rücken. Nun betritt das Klingelgespenst wieder den Raum und fragt: „Glöckchen, wo bist du?“ Das Kind mit dem Glöckchen klingelt ganz kurz. Das Klingelgespenst muss erraten, welches Kind das Glöckchen hat. Das Spiel kann mehrmals wiederholt werden.

Lied:

Die Geister huschen durch die Nacht

(Melodie: Die Affen rasen durch den Wald)
(Leise singen.)

Die Geister huschen durch die Nacht,
schaut her, was so ein Geist dann macht,
die ganze Geisterbande singt:
Laut singen und durch den Raum springen:
„Wir springen wild herum, wir springen wild herum,
wir springen ganz, ganz wild herum. Wir springen
wild herum, wir springen wild herum, wir springen
ganz, ganz wild herum.“

2. Strophe: Wir hüpfen wild herum …
3. Strophe: Wir laufen wild herum …
4. Strophe: Wir tanzen wild herum …

Schluss:

(Leise singen.)
Wir schlafen müde ein …

Die Kinder setzen sich in die Hocke und stellen sich schlafend.

Fridolin, der kleine Hase

Material: Kopfschmuck für zwei Hasen in Form von Ohren aus bemalter Pappe, die mit einem Gummiband am Kopf befestigt werden können, ein Korb mit gekochten und gefärbten Eiern, ein Roller, eine Matratze, eine Decke, eventuell ein paar Topfblumen

Vorbereitung: Vielleicht kann eine Erzieherin oder ein Elternteil den Kindern zur Tierbetrachtung einen oder zwei Hasen zur Verfügung stellen. Das wäre eine sehr lebendige Einleitung für die folgende Geschichte.

Einstieg: Die beiden lebenden Hasen oder ersatzweise zwei Hasen aus Plüsch werden in die Kreismitte gesetzt, betrachtet und eventuell gestreichelt. Die Erzieherin regt zu einem Gespräch über Hasen an und trägt den folgenden Reim vor, wobei die Kinder das letzte Wort/die letzte Silbe der jeweils zweiten Zeile selbst ergänzen.

Fridolin, der kleine Hase,
sitzt ganz traurig jetzt im … (Grase).

Dorthin hat er sich gesetzt,
denn er hat sich leicht ver… (letzt).

Beim Hoppeln über Stock und Stein
zerkratzte ihm ein Busch das … (Bein).

Fridolin stöhnt: „Ach, o weh,
mein Bein, es tut mir schrecklich … (weh).“

Doch Fridolin kann gar nicht ruhn,
er hat noch sehr, sehr viel zu … (tun).

Muss bunte Eier noch verstecken
hinter Bäumen, Sträuchern, … (Hecken).

Was soll Fridolin nur machen,
ihm ist zum Weinen, nicht zum … (Lachen).

Da kommt sein Freund, der Mops, daher,
trägt einen Korb mit Eiern … (schwer).

Er sieht den Fridolin und dann
bietet er seine Hilfe … (an).

Mops bringt nun alle Eier fort,
versteckt sie schnell an sicherem … (Ort).

Und als der Tag zu Ende geht,
der Mops vor Fridolin dann … (steht).

Er hat an Fridolin gedacht
und etwas Tolles mitge… (bracht).

Mit einem Roller geht's nach Haus
schnell wie der Wind, mit Saus und … (Braus).

Im Bett kann Fridolin dann ruhn,
denn er hat gar nichts mehr zu … (tun).

Danach sind der Ablauf und der Text so gut bekannt, dass diese Geschichte als Rollenspiel gespielt werden kann. Die Eier können anschließend gemeinsam gegessen werden.

Ein Zauberer unterwegs

Material: für jedes Kind ein Wasserfarbenkasten, ein Pinsel, ein großes weißes Malblatt und ein altes Herrenoberhemd als Malkittel, Abdeckfolie, ein Kasettenrekorder, ruhige Musik

Vorbereitung: Der Fußboden wird mit Abdeckfolie ausgelegt.

Ablauf: Die Kinder bekommen die Aufgabe, einen großen Baum mit einem grünen Blätterkleid zu malen. Auch die Erzieherin malt mit, zur Untermalung läuft ruhige Musik. Die einzelnen Bäume werden betrachtet. Danach hören die Kinder die folgende Geschichte und schauen der Erzieherin zu. Sie trägt die Geschichte vor und malt entsprechend dem Text die grünen Blätter ihres Baums mit den Wasserfarben bunt an.

Ein Zauberer, der zieht durchs Land
und hat den Pinsel in der Hand.
Er geht heut Nacht von Baum zu Baum,
aus ist nun ihr grüner Traum.
Es schallt ganz laut aus seinem Mund:
„Heut Nacht mal ich die Blätter bunt.“
Zuerst verteilt er hier und dort
ein schönes Rot an diesem Ort,
und dann verteilt er noch ganz schnell
ein helles Gelb hier auf der Stell.
Doch auch ein Braun ist wunderschön,
man kann’s den Zaub’rer malen sehn.
Die Blätter sind bald kunterbunt,
der Zauberer malt Stund um Stund,
verteilt die Farben weit und breit,
vieles trägt gar ein buntes Kleid.
Die Bäume zeigen über Nacht
eine schöne Farbenpracht.
Des Zauberers Töpfe sind nun leer,
er hat jetzt keine Farben mehr.
Er schaut sich seine Arbeit an,
ist stolz, dass er so zaubern kann.

Die Malgeschichte wird wiederholt und die Kinder malen die Blätter auf ihren Bäumen bunt an.

Die Gartenzwerge

Material:

ein großes Blatt Tonpapier, Filzstifte, für jedes Kind ein Blatt weißes Papier, Malstifte

Während die Erzieherin die Geschichte vorträgt, malt sie zwei Zwerge mit Filzstiften auf ein großes Blatt Tonpapier.

Gartenzwerg mit Gesicht und Zipfelmütze malen.

In einem großen Blumenbeet
ein Gartenzwerg ganz einsam steht.

Große Ohren malen.

Die Ohren, die sind groß wie Teller,
sie sehen aus wie ein Propeller.

Eine nach oben gebogene Nase malen.

Die Nase, die ist lang und dick,
sie schaut empor ein kleines Stück.

Zottelige Haare malen.

Die Haare wehen in dem Wind
genauso wie beim Menschenkind.

Einen lachenden Mund malen.

Der Gartenzwerg, er lacht sehr gern,
sein Frohgesicht sieht man von fern.
Tagein, tagaus steht er im Garten,
worauf wird unser Zwerg wohl warten?

Zweiten Gartenzwerg malen.

In dem großen Blumenbeet
ein zweiter Zwerg auf einmal steht.

Große Ohren malen.

Die Ohren, die sind groß wie Teller,
sie sehen aus wie ein Propeller.

Eine nach oben gebogene Nase malen.

Die Nase, die ist lang und dick,
sie schaut empor ein kleines Stück.

Zottelige Haare malen.

Die Haare wehen in dem Wind
genauso wie beim Menschenkind.

Einen lachenden Mund malen.

Der Gartenzwerg, er lacht sehr gern,
sein Frohgesicht sieht man von fern.
Nun ist der Zwerg nicht mehr allein,
sie stehen jetzt, tagaus, tagein
zu zweit an diesem schönen Ort
und wollen niemals von hier fort.

Abschluss:

Die Geschichte wird ein zweites Mal vorgetragen. Die Kinder versuchen dabei, die beiden Zwerge zu malen.

Der Zahlenmann

Material:	ein großer Bogen weiße Pappe, ein Filzschreiber, für jedes Kind ein weißes Blatt und Buntstifte
Einstieg:	Die Erzieherin legt in die Kreismitte ein großes, weißes Blatt und einen dicken Filzstift. Sie erzählt nun die folgende Reimgeschichte und malt dabei, dem Text entsprechend, den Zahlenmann.
	Komm, schau dir das einmal an, hier entsteht ein Zahlenmann.
Eine große 8 auf das Papier malen.	Es wird aus der großen Acht ganz schnell Kopf und Bauch gemacht.
Zweimal die 6 als Beine malen.	Und aus der Sechs, komm, schau mal her, werden Beine, das ist nicht schwer.
An den Bauch eine 1 malen und daran die 3 malen.	Aus der Eins und aus der Drei, zauber' ich Arm und Finger herbei.
Auf den Kopf viele Vieren malen.	Aus vielen Vieren ist das Haar, der Zahlenmann ist wunderbar.
Zwei Augen und den Mund malen.	Auch die Null kannst du entdecken, wo mag die Zahl sich wohl verstecken?
Ohren aus der 3 malen.	Die Drei ist überall zu sehn, schau her, ist dieser Mann nicht schön.

Die Nase aus der 2 malen.

Gib Acht und suche nun die Zwei,
diese Zahl ist auch dabei.

Auf den Bauch einen Apfel malen, der aus einer 5 besteht.

Die Fünf, die hat sich auch versteckt,
hast du die Zahl denn schon entdeckt?

Fertig ist der kleine Wicht,
doch bunt ist er noch lange nicht.
Male nun den Zahlenmann
mit kunterbunten Farben an.

Abschluss:

Nun erzählt die Erzieherin noch einmal die Geschichte und die Kinder suchen die genannten Zahlen. Danach können sie den Zahlenmann mit Buntstiften bemalen.
Wenn die Kinder noch Interesse haben, bekommt jedes Kind ein Blatt und Buntstifte und kann mit Hilfe der Geschichte einen eigenen Zahlenmann malen.

Ein Tannenbaum

Das letzte Wort in jeder zweiten Zeile sagen die Kinder.

Ein Tannenbaum, ein Tannenbaum,
der ist so groß, du glaubst es … (kaum).
Mit vielen Kugeln bunt und schön,
kannst du ihn Heiligabend … (sehn).
Er trägt Kerzen, leuchtet hell,
die Kinder kommen ganz, ganz … (schnell).
Sie sitzen unter diesem Baum,
und träumen einen Weihnachts … (traum).

Das gefährliche Spiel mit dem Feuer

Einstieg:

Die Kinder sitzen im Kreis. Sie schließen die Augen und bekommen ein Streichholz in die Hand. Sie sollen es erfühlen und die Hände schließen. Die Erzieherin zählt „1, 2, 3“, dann sagen alle Kinder gemeinsam die Lösung. In einem kurzen Gespräch können die Kinder erzählen, was ihnen einfällt, wenn sie ein Streichholz sehen. Sie können über ihre Erfahrungen berichten, die sie mit diesem Gegenstand oder überhaupt mit Feuer gemacht haben. Danach erzählt die Erzieherin folgende Reimgeschichte.

Jeder weiß es ganz genau,
egal ob Kind, ob Mann, ob (Frau).

Feuer, ja, das ist bekannt,
gehört gar nicht in Kinder(hand).

Doch den Franz, den stört das nicht,
denn er ist ein Feuer(wicht).

Er spielt mit Feuer, wo er kann,
heut steckt er trockne Gräser (an).

O weh, da flackert schon das Stroh,
der Haufen, der brennt lichter(loh).

Das Feuer, ja, das nimmt Reißaus,
es zündet an das Garten(haus).

Alles brennt, o welch ein Graus,
in Flammen steht das schöne (Haus).

Was hat nur der Franz gemacht,
an so was hat er nicht ge(dacht).

Der Franz bekommt nun einen Schreck
und darum läuft er ganz schnell (weg).

Dann hat er sich sehr gut versteckt,
damit ihn bloß niemand ent(deckt).

Von weitem hört man „Tütata“,
die Feuerwehr ist sehr schnell (da).

Spritzt Wasser auf das Gartenhaus,
schon bald ist dann das Feuer (aus).

Die Polizei kommt auch dazu,
den Franz, den findet sie im (Nu).

Er wird bestraft für diese Sachen,
denn so etwas darf man nicht (machen).

Nie wieder spielt der Franz mit Feuer,
das ist gefährlich und zu (teuer).

Nie wieder macht er dumme Sachen,
nie wieder will er Unsinn (machen).

Durch das Feuer wird er schlau
und eines weiß er ganz (genau):

Messer, Gabel, Schere, Licht
gehör'n in Kinderhände (nicht).

Auswertung:

In einem Gespräch können noch einmal die Gefahren des Feuers thematisiert und Erlebnisse erzählt werden. Die Erzieherin kann die Geschichte noch einmal erzählen. Nun bezieht sie die Kinder mit ein, d. h. sie können das in Klammern gesetzte Wort mitsprechen.

In einem riesengroßen Baum

Material: ein Korb mit fünf unterschiedlichen Äpfeln, ein grünes Tuch, eine Lampe, die das Tuch anstrahlt, ein Obstmesser

Einstieg: Die Kinder sitzen im Kreis und die Erzieherin malt mit großen Bewegungen einen Baum in die Luft. Bereits während sie zeichnet sollen die Kinder versuchen, den Gegenstand zu erraten.

Ablauf: Das letzte Wort der jeweils zweiten Zeile der folgenden Reimgeschichte sagen die Kinder. Zunächst wird der Text als Reimgeschichte vorgetragen, die im ersten Teil mit einem Fingerspiel verbunden ist.
Beim Vortragen des Textes legt die Erzieherin einen Apfel nach dem anderen auf das Tuch, das in der Kreismitte liegt.

Erster Teil

Mit den Händen einen Baum darstellen, die fünf Finger einer Hand zeigen.	In einem riesengroßen Baum haben fünf Äpfel einen … (Traum). Sie hängen still und träumen dann, was wohl aus ihnen werden … (kann).
Daumen hochrecken.	Der erste, der will in die Welt, mal schauen, wo es ihm gut ge … (fällt).

	Im Rucksack wird er wandern gehen, wer ihn verzehrt, man wird es … (sehen).
Zeigefinger in die Luft strecken.	Der zweite liegt in einer Kiste, ein Mann, der schaut auf eine … (Liste).
	Mit dem Flugzeug fliegt er dann, wo kommt wohl dieser Apfel … (an)?
Mittelfinger in die Luft strecken.	Der dritte träumt von einem Ort, er liegt mit vielen Äpfeln … (dort),
	Er wird geschüttelt und gepresst, bis er den Saft dann laufen … (lässt).
Ringfinger in die Luft strecken.	Der vierte, der sieht sich, o Schreck, er liegt mit anderen im … (Dreck),
	Tiere stürzen auf ihn ein, ruck-zuck wird er gefressen … (sein).
Kleinen Finger in die Luft strecken.	Der kleinste, der hat keinen Traum, er hängt ganz still in seinem … (Baum).
	Wohin er kommt, ist ihm egal, er sagt nur leis' : Dann schau'n wir … (mal).
Mit den Händen eine Sonne zeigen.	Ganz langsam wird es wieder hell, die Sonne, die kommt ganz, ganz … (schnell).
Die Finger einer Hand zeigen.	Fünf Äpfel hängen noch im Baum und verschwunden ist ihr … (Traum).

Zweiter Teil

Die Tage gehen und plötzlich dann
fasst die Äpfel irgendjemand … (an).
Sie werden in den Korb gelegt,
ein jeder nun auf Reisen … (geht).

Wird ihr Traum bei allen wahr?
Keinem Apfel ist das … (klar).
Es geht nach hier, nach da, nach dort
und plötzlich sind sie alle … (fort).

Der Baum ist leer, doch eins ist klar,
bestimmt sind schon im nächsten … (Jahr)
viele Äpfel an diesem Baum
und träumen einen schönen … (Traum).

Abschlussvorschläge:

1. Der erste Teil kann als Fingerspiel noch einmal mit allen Kindern gespielt werden. Zum Schluss werden die fünf Äpfel in Scheiben geschnitten, an die Kinder verteilt und gemeinsam gegessen.
2. Pflücken Sie selbst mit den Kindern einen Korb Äpfel und machen Sie daraus gemeinsam Apfelmus.

Die Wörtermaus

Material: ein großes Bild mit einer Wörtermaus, viele kleine Faltblätter, Bildkarten, mit denen man leicht reimen kann

Vorbereitung: Die Erzieherin malt eine Maus, die in ihrem Mund eine Bildkarte hält. Vor ihr liegen viele kleine Bildkarten.

Einstieg: Das Bild mit der Wörtermaus ist mit vielen kleinen Faltblättern zugedeckt und liegt in der Kreismitte. Nacheinander sollen die Kinder die Faltblätter entfernen und das Motiv möglichst frühzeitig erraten. In einem Gespräch wird zusammengetragen, welche Mäusearten es gibt und was diese sammeln. Die Erzieherin weist darauf hin, dass es sich bei der Maus auf dem Bild um eine besondere Maus handelt, denn sie sammelt etwas ganz anderes als andere Mäuse. Sie erzählt die Reimgeschichte und bittet die Kinder, ihr beim Reimen zu helfen.

Hinweis: Das letzte Wort/die letzte Silbe in der jeweils zweiten Zeile sprechen die Kinder.

Kennst du schon die Wörtermaus,
sie wohnt in einem schönen … Haus.

Doch hier wohnt sie ganz allein,
denn das Haus ist winzig … klein.

Die kleine Maus, die reimt sehr gern,
sie sucht ganz nah und in der … Fern

Wörter für die Reimgeschichten,
denn sonst kann sie nichts be.…richten.

Ach, Wörter gibt es ohne Zahl,
so staunt die Maus und schaut … einmal

in Bücher, Hefte und an Scheiben
kann man schöne Wörter … schreiben.

Auf Tassen, Karten und auch Besen,
ja, da kann man Wörter ... lesen.

Überall, wohin sie geht,
hier und dort ein Wort dann ... steht.

Fleißig schreibt sie alle auf
und läuft dann mit viel Ge...schnauf

in ihr Haus und fängt sodann
leis und flink zu reimen ... an.

Psst, sei still, die Maus braucht Ruh,
hör ihr nun beim Reimen ... zu.

Zippel, zappel, eins, zwei, drei,
Reimen, das ist Spiele...rei,

sagt die Maus und freut sich sehr,
doch heute reimt sie gar nicht ... mehr.

Willst du reimen wie die Maus,
such dir nun ein Reimwort ... aus.

Abschluss:

Die Erzieherin legt Bildkarten in die Mitte. Sie zieht eine Karte, z. B. Haus, nennt das Wort und die Kinder nennen viele verschiedene Wörter, die sich darauf reimen, z. B. Maus, Klaus, hinaus usw.

Wörter-Rhythmik

Bei diesem Spiel werden Wörter oder Namen geklatscht. Gemeinsam werden die Silben gesprochen und in die Hände geklatscht. Dabei stellen die Kinder fest, dass es lange und kurze Wörter gibt.

Wortkombinationen

Dazu benötigt die Erzieherin immer zwei Bildkarten, die zu einem langen Wort aneinander gesetzt werden können, z. B. Feder und Ball = Federball,
Blumen und Vase = Blumenvase

Komm, ich hole meinen Drachen

Material:

ein Bogen Tonpapier (weiß), ein schwarzer Filzstift, Buntstifte, quadratische Faltblätter, Locher, Wolle, für jedes Kind Klebstoff und Schere

Einstieg:

Die Kinder sitzen im Kreis. Die Erzieherin stellt ein Bildrätsel. Sie malt einen großen Drachen. Während sie malt, können die Kinder das Motiv erraten. In einem Gespräch können die Kinder über eigene Abenteuer beim Drachensteigen berichten. Die Erzieherin lenkt das Gespräch auf den Wind und liest schließlich langsam die folgende Reimgeschichte vor.

Hinweis:

Das letzte Wort in der 2. Verszeile setzen jeweils die Kinder ein.

Reimgeschichte:

Komm, ich hole meinen Drachen,
mit ihm kann ich im Wind viel … (machen).

Ich halt ihn fest mit meiner Hand,
der Wind, er zieht am langen … (Band).

Der Drachen steigt, tanzt hin und her,
das bunte Ding, das mag ich … (sehr).

Ich halt ihn fest und schau ihm zu,
jetzt steht er still, er gönnt sich … (Ruh).

Doch plötzlich weht der Wind und dann
fängt er erneut zu tanzen … (an).

O weh, er stürzt, ich zieh ganz fest,
der Wind ihn wieder steigen … (lässt).

Der Drachen saust nun hin und her,
ihn festzuhalten ist sehr … (schwer).

Ich zieh und halt das lange Band
ganz fest in meiner starken … (Hand).

Ich schau zum Himmel, ach, wie schön,
dem Drachen heute zuzu… (sehn).

Was nun, der Wind, er pustet sacht,
mein Drachen einen Kopfstand … (macht).

Er stürzt kopfüber in das Gras,
macht nichts, es war ein Riesen … (Spaß).

Ich nehm den Drachen, geh nach Haus,
doch morgen geh ich wieder … (raus).

Auswertungsvorschläge:

1. Diese Geschichte lässt sich gut pantomimisch darstellen.
2. Gemeinsam können die Kinder mit Buntstiften den Drachen bunt malen.
3. Aus einem quadratischen Faltblatt kann sich jedes Kind einen eigenen Drachen falten.

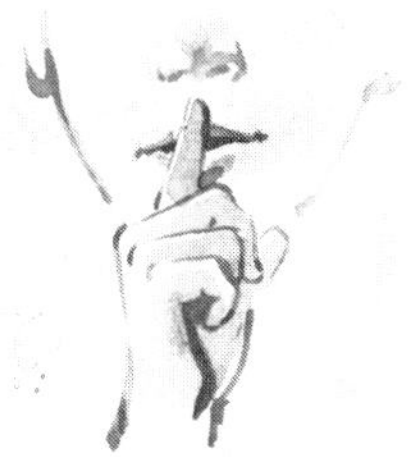

Unter unserem spitzen Dach

Kopf auf die Hände legen und Augen schließen.

Ich lieg im Bett, will meine Ruh
und mache meine Augen zu.

Mit den Füßen trampeln. Mit den Händen ein Dach bilden.

Doch plötzlich hör ich lauten Krach,
es poltert unter unserm Dach.

Laut zischen. Langsam mit den Fingern zappeln.

Lautes Zischen ist zu hören,
ach herrje, wer will mich stören?

Plötzlich machen ganz, ganz leise
Geister ihre Abendreise.

Mit den Fingern auf und ab gehen.

Sie huschen auf und huschen nieder,

Die Hände drehen.

drehn sich dabei immer wieder.

Mit den Fingern am eigenen Körper hochkrabbeln.

Krabbeln an mir flink hinauf,
plötzlich hört das Krabbeln auf.

Den Zeigefinger auf den Mund legen.

Ich bin ganz still und hör gut zu,
ich glaub, die Geister geben Ruh.

Den Kopf auf die Hände legen.

Leg mich nun hin und träume fein
und schlafe ganz schnell wieder ein.

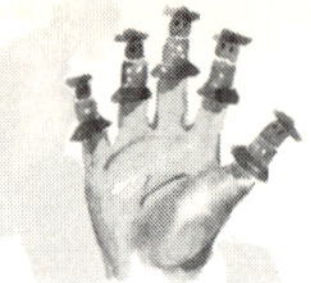

Finger-Faschingstanz

Finger-Faschingstanz

	Kommt und gönnt euch etwas Ruh, schaut nun den Tanzmariechen zu. Heut tanzen sie die ganze Nacht, weil ihnen das viel Freude macht. Passt auf und gebt jetzt ganz gut Acht, der Vorhang wird nun aufgemacht:
Die zusammengehaltenen Fäuste seitlich auseinander führen.	
Die Finger der rechten Hand strecken und die Hand auf und ab von rechts nach links bewegen.	Fünf Tanzmariechen tanzen schnell nach hier und da und auf der Stell',
Hand auf- und zumachen.	sie beugen und sie strecken sich,
Hand hin und her drehen.	sie drehen sich allein für dich.
Die linke Hand wird mit gestreckten Fingern neben die rechte Hand gehalten.	Noch fünf Tanzmariechen kannst du sehn auf die große Bühne gehn.
Hände zusammenrücken, auf und ab von rechts nach links bewegen.	Munter geht es hin und her, ihr schöner Tanz gefällt mir sehr,
Die Hände gehen auseinander und verschwinden hinter dem Rücken.	und kommt dann die Musik zur Ruh
Die Fäuste kommen wieder hervor und werden zusammengeführt.	geht auch der Vorhang wieder zu.

Zehn Schwalben sitzen auf der Stange

Fingerspiel

Ellbogen auf den Tisch stellen, Finger still halten.	Zehn Schwalben sitzen auf der Stange.
	Sie warten auf den Wind schon lange.
Gähnen und stöhnen.	Sie gähnen, stöhnen, aber dann –
Pusten.	fängt der Wind zu blasen an.
Hin und her schauen.	Zehn Schwalben schauen hin und her, sie mögen diesen Wind so sehr. Sie recken sich und fangen dann
Finger bewegen.	munter und froh zu fliegen an.
Finger bewegen und pusten.	Zehn Schwalben fliegen mit dem Wind, froh ist ein jedes Schwalbenkind.
Finger hin und her bewegen.	Sie fliegen in die weite Welt, in der es ihnen gut gefällt.
Die Ellbogen auf den Tisch stellen und die Finger spreizen.	Zehn Schwalben kommen spät nach Haus, sie ruh'n sich auf der Stange aus.
	Der Wind, er geht von hier nun fort, er sucht sich einen andren Ort.

In einem Nest, ganz klitzeklein

Material:	ein Bogen Pappe, dicke Filzstifte
Einstieg:	Die Erzieherin malt auf ein großes Blatt ein Nest. Schon während sie malt, sollen die Kinder das Bilderrätsel erraten. Ein Gespräch über die Arbeit der Vögel im Frühling kann sich anschließen. Nun macht sie das folgende Fingerspiel vor.
Erzieherin bildet mit den Händen eine Schale.	In einem Nest, ganz klitzeklein,
Sie geht im Kreis herum und lässt die Kinder in dieses „Nest“ schauen.	komm, schau einmal ganz leis hinein,
Mit Daumen und Zeigefinger ein kleines Ei formen.	da liegt ein winzig kleines Ei,
Mit beiden Daumen und Zeigefingern je ein Ei formen.	ach nein, es sind ja sogar zwei.
	Ein Vogel, der muss jetzt viel brüten, er muss die Eier gut behüten.
Mit der einen Hand eine Schale bilden, mit der anderen Flugbewegungen machen.	Er kommt und fliegt direkt aufs Nest,
Die Faust der „Flughand“ in die Schale setzen, ein wenig hin und her drehen und dann still sitzen bleiben.	dreht sich und sitzt dann ganz fest.
Der Zeigefinger der Fausthand wird herausgestreckt und hin und her bewegt.	Sitzt nun still und schaut umher,
Den Finger schnell auf und ab bewegen.	plötzlich freut er sich gar sehr.

Die Faust auf den Unterarm der „Nesthand" setzen.	Fliegt auf einen dicken Ast, macht dort oben eine Rast.
Mit dem Daumen und dem Zeigefinger einer Hand ein Ei formen und langsam öffnen.	Sieht ins Nest, ein Ei zerbricht,
Den Zeigefinger gerade nach oben strecken.	ein Vogel schaut ins Sonnenlicht.
Mit dem Daumen und Zeigefinger der anderen Hand ein Ei bilden und langsam öffnen.	Das zweite Ei bricht auch entzwei,
Beide Zeigefinger auf und ab bewegen.	ja, nun sind die Vögel frei.
Mit beiden Armen Flugbewegungen machen.	Nach vielen Wochen, ach wie schön, kann man die zwei schon fliegen sehn.
Mit beiden Händen wieder eine Schale machen und den Kindern zeigen.	Das Nest ist leer, doch nächstes Jahr ist der Vogel wieder da.
Abschluss:	Diese Fingerspielgeschichte kann nun von den Kindern nachgespielt werden. Ein Spaziergang im Laufe des Morgens und die Suche nach einem Vogelnest geben der Geschichte einen schönen Abschluss.

Fünf Zauberer

Fünf Zauberer

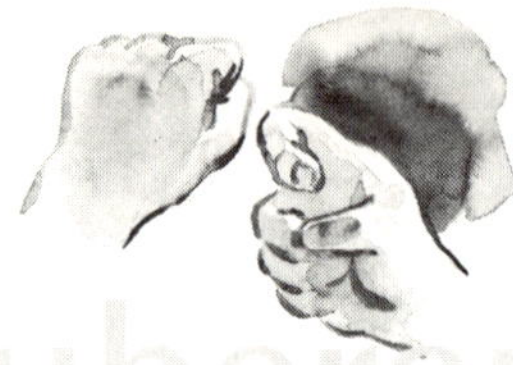

Die Erzieherin erzählt den Reim und macht die Fingerspiele vor, danach machen die Kinder mit.

	Heut wandern wir ins Zauberland,
Die geballte Hand zeigen.	dazu brauchst du deine Hand.
Mit dem Finger der anderen Hand auf die geballte Hand klopfen.	Fünf Zauberer besuchen wir, ich klopfe laut an ihre Tür.
Den Daumen zeigen.	Der Erste kommt schnell angerannt, hat einen Stab in seiner Hand,
	Er zaubert damit, eins, zwei drei,
Den Zeigefinger zeigen.	den zweiten Zauberer herbei.
Die zwei Finger aneinander tippen.	Die beiden plappern ohne Ruh,
Den Mittelfinger zeigen.	da kommt der Dritte schnell hinzu.

Die drei Finger zeigen. Den Ringfinger zeigen.	Drei Zauberer stehn an der Tür, der vierte, der ist auch schon hier.
Mit den vier Fingern ein Rohr formen.	Sie zaubern nun ein Zauberrohr,
Den kleinen Finger dazu legen.	der Kleine hilft, kommt schnell hervor.
Mit den Fingern der anderen Hand in das Rohr fassen.	Ich greif hinein, ja, ei der Daus,
Mit dieser Hand einen Hasen zeigen: Mittel- und Ringfinger auf den Daumen legen, Zeigefinger und kleinen Finger hochstrecken.	ich hol dort einen Hasen raus.
Mit der Hand Hüpfbewegungen machen.	Er hoppelt nun ganz froh umher, ja, diese Welt gefällt ihm sehr.
Mit der Hand in das geformte Zauberrohr springen.	Mit einem Satz springt er nach Haus
Die Hasenhand schnell hinter den Rücken halten, die andere Hand öffnen und mit den Fingern zappeln.	der Zauber, ja, der ist nun aus.
Die Hand wieder zur Faust ballen.	Die Zaub'rer legen sich zur Ruh und machen ihre Augen zu.

Fünf Jäger wollten jagen gehen

Die Finger einer Hand zeigen.	Fünf Jäger wollen jagen gehen, man kann sie leise schleichen sehn.
Den Daumen zeigen.	Der Erste, der geht ganz allein, kommt ohne Hasen wieder heim.
Zeigefinger zeigen.	Der Zweite nimmt den Dackel mit, der bellt laut bei jedem Schritt.
Mittelfinger zeigen.	Der Dritte geht nach einer Pause dann ganz schnell zurück nach Hause.
Ringfinger zeigen.	Der Vierte geht erst gar nicht raus, er bleibt sofort in seinem Haus.
Kleinen Finger zeigen. (in die Hände klatschen)	Der fünfte Jäger, ach, o Schreck, hört einen Knall und läuft schnell weg.
Alle fünf Finger zeigen. Hand hinter den Rücken legen.	Fünf Jäger haben nichts gefangen und sind traurig fortgegangen.
	Doch kommen sie sehr bald zurück, versuchen wieder neu ihr Glück.

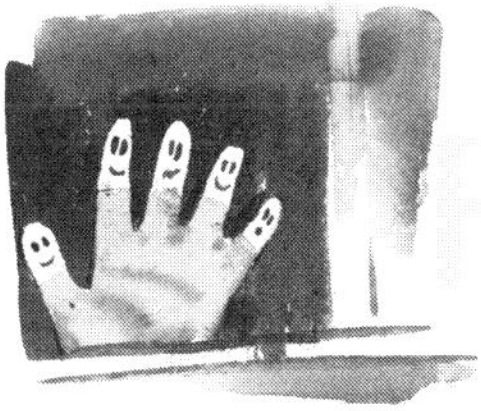

Fünf Gespenster

Hinweis:	Zunächst wird das Fingerspiel mit den Fingern einer Hand gespielt. Zum Schluss verstecken die Kinder diese Hand hinter ihrem Rücken. Dann wird das Fingerspiel noch einmal mit der anderen Hand gespielt. Auch diese verschwindet dann hinter dem Rücken.
Mit dem Zeigefinger nach oben zeigen.	Ganz oben aus dem Fenster,
Alle fünf Finger zeigen.	da schauen fünf Gespenster.
Den Daumen zeigen.	Das erste sagt: „Ich seh die Sterne, die leuchten hell heut aus der Ferne.“
Den Zeigefinger zeigen.	Das zweite sagt: „Ich seh den Mond, der ganz hoch am Himmel thront.“
Den Mittelfinger zeigen.	Das dritte sagt: „Ich seh ‘nen Bär, der läuft hinter den Bäumen her.“
Den Ringfinger zeigen.	Das vierte sagt: „Ich seh `nen Riesen, der läuft ganz schnell über die Wiesen.“
Den kleinen Finger zeigen.	Das fünfte sagt: „Ich seh Gespenster, die schaun direkt in unser Fenster!“
Mit allen fünf Fingern zappeln, die andere Hand vor den Mund halten.	Die fünf, die kriegen einen Schreck
Die Hand hinter den Rücken legen.	und laufen schnell gemeinsam weg.
Abschluss:	Nachdem beide Hände auf dem Rücken liegen, wird das Spiel abgeschlossen mit dem Vers:
Die Hände falten.	Zehn kleine Gespenster schlafen jetzt ein, und wollen für immer Freunde sein.

Ein Segelschiff

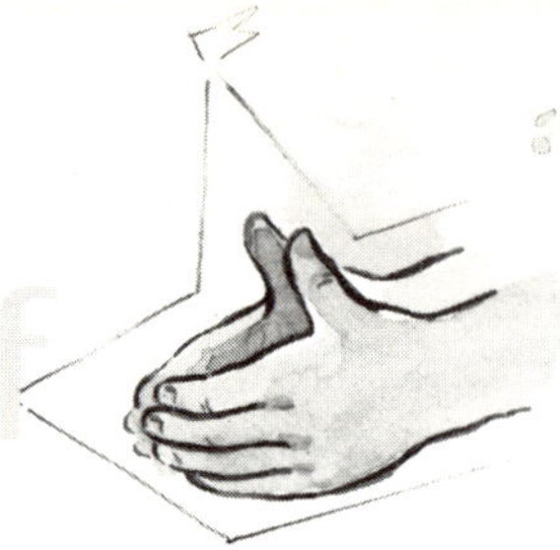

Fingerspiel

Die Handflächen werden aneinander gelegt und ein wenig geöffnet. Die Daumen werden hochgestreckt. Sie bilden die Segel.

Das Segelschiff stillhalten. Pusten.	Ein Segelschiff ruht auf dem Meer. Da kommt ein wilder Wind daher.
Pusten und die Hände wellenförmig bewegen.	Er bläst das Schiff von diesem Ort, er bläst und bringt es ganz weit fort.
Mit den Händen wellenförmige Bewegungen machen.	Das kleine Schiff, es fährt und denkt: „Wohin mich dieser Wind wohl lenkt?“ Es ist allein und ruft: „Oh Graus, ja, hoffentlich find ich nach Haus.“
Wellenförmige Bewegungen machen. Pusten und Wellenbewegungen machen.	Das Schiff treibt auf dem großen Meer, es ruft: „Herr Wind, ach, bitte sehr, bringt mich nach Haus, ich fürcht mich sehr, bring mich zurück, ich mag nicht mehr.“
Hände bewegen sich ruhiger.	Der Wind, er bläst das Schiff nach Haus, die Meerrundfahrt, die ist nun aus. Das Segelschiff sagt: „Dankeschön“, nun kann der Wind nach Hause gehen.
Hände stillhalten.	Das Segelschiff ruht auf dem Meer, denkt an den Wind und freut sich sehr. Denn morgen, da kommt ganz bestimmt zu ihm zurück der wilde Wind.